我与53的不解之缘

My Mystery Bond with 53

阎琦

QI YAN, MD, PhD

Copyright © 2025 QI YAN

All rights reserved.

No part of this publication may be reproduced, distributed, or transmitted in any form or by any means, including photocopying, recording, or other electronic or mechanical methods, without the prior written permission of the publisher, except in the case of brief quotations embodied in reviews and certain other non-commercial uses permitted by copyright law

Published by: THE AMERICAN BOOK PUBLISHING

Table of Contents

1. 十个名字连起来 1

   Connecting these ten names

2. 寿命最长的人，玛土撒拉 4

   Methuselah, the longest lifespan person ever

3. 最重要的三兄弟 8

   The three most important brothers

4. 含与汉 14

   Ham and Han

5. 祖孙三代 - 亚伯拉罕 17

   The Three Patriarchs - Abraham

6. 祖孙三代 - 以撒 21

   The Three Patriarchs - Isaac

7. 祖孙三代 - 雅各 23

   The Three Patriarchs- Jacob

8. 创世记第 38 章的奥秘 31

   The Mystery of Genesis 38

9. 大卫 36

   David

10. 以色列北国的命运（读何西阿书）............................ 41

    The fate of northern kingdom of Israel

11. 以色列南国的命运 46

    The fate of southern kingdom of Israel

12. "我的良人白而且红" 48

    "My beloved is all radiant and ruddy"

13. 跨入千禧年前的动荡 52

    The turmoil before the millennium

14. 川普总统 54

    President Trump（2017）

15. 川普和拜登 63

Trump vs Biden (2020)

16. 第 47 届 USA 总统 65

The 47th USA President （2024）

17. 人的自然本性 69

Human nature

18. 恩典 75

Grace

19. 1D，2D, 3D 和 ND 多维 82

1D,2D,3D, and multidimensional

20. 时间与永生 87

Time and eternity

21. 如何判断生命的价值？ 89

How to evaluate the value of life?

22. 人生 91

Life

23. 喜欢自己 94

   Like yourself

24. 不爽喜欢谁？... 97

   Chasing away

25. 小猫记事 - 梅林的小猫 98

   Kitty Memoir: Maylynn's kitty

26. 惊险而遗憾的徒步 115

   A thrilling but regretful hiking

27. 加勒比海航游 120

   Caribbean Cruise

28. 土耳其之旅 125

   Turkey Trip

29. 我与 53 的不解之缘 138

   My mystery bond with 53

30. 在美国的首次手术经历 142

First surgical experience in America

31. 2024 年回国看父母 146

Visit parents in China in 2024

32. 晒太阳 151

Bask in the sun

33. 防晒 154

Sun protection

34. 日记 157

Diary

35. 灵魂 158

Spirit

36. 原谅 161

Forgiving

37. 为米饭正名 163

Justify the excellence of rice

38. 我们的故事 167

    Our story

39. 送父 171

    Farewell to our father

十个名字连起来

Connecting these ten names

神造了亚当。亚当生了第一个儿子该隐和第二个儿子亚伯。因为嫉妒，该隐杀了弟弟亚伯。该隐属世，亚伯属灵。 属世的总是欺负属灵的，从创世至今，一直这样。亚当后来又生了个儿子，形象样式和自己很像，取名塞特 Seth，意思是神另立 (appointed) 了一个儿子代替亚伯。亚当还生了众多儿女。

神拣选和祝福了这个与亚当最相像的儿子塞特及他的后裔。塞特的后代被圣经记录下他们在世的年谱。

亚当 Adam —> 塞特 Seth —> 以挪士 Enosh —> 该南 kenan—> 玛勒列活 Mahalalel—> 雅列 Jared—> 以偌 Enoch —> 玛土撒拉 Methuselah —> 拉麦 Lamech—> 挪亚 Noah

而该隐的后代，神不记他们在世的年日。白活了。

在挪亚时代，大洪水发生，世界改变。这上述的 10 代人，是大洪水前的。

希伯来人的名字都是有寓意的。神会感动父母为孩子取一个很有意义的名字来展示神的救恩。圣经里人物的名子都是故事。

将这10个人名字的意思写出来，是这样的：

Adam- man

Seth- appointed

Enosh- mortal

kenan- sorrow

Mahalalel- the blessed God

Jared- shall come down

Enoch- teaching

Methuselah- his death shall bring

Lamech- the despairing

Noah- rest or comfort

连起来读，是这样的：

"**Man (is) appointed mortal sorrow; (but) the blessed God shall come down teaching (that) His death shall bring the despairing rest." -by Chuck Missler**

翻译成中文就是这样的：

被造的凡人立有必死的悲哀；但是，当称颂的神必降临人间，教导世人，祂的死会给绝望的人带来平安。

这10个名字的奥秘是牧师 Chuck Missler 解读出来的。太奇妙！

因为这道出了全本圣经的精髓和目的：神儿子耶稣基督对人类的救赎计划。

什么意思呢？人天性带有原罪，比如骄傲，嫉妒，怨恨，自私，撒谎，论断，等等，世人都有罪，程度不一而已。神是圣洁公义的，有罪必有惩，罪的公价是死。所以，世人都会死。为赦免人的死罪，神让祂的独生子耶稣降世，做了我们这些罪人的替罪羊，为人类的罪被钉上了十字架，完成了神公义的审判。凡是相信耶稣的，灵魂得救，得永生。这就是救赎！

神爱世人，甚至将祂的独生子赐给他们，叫一切信他的，不致灭亡，反得永生。

[约翰福音 3:16]

~2020.5~

寿命最长的人，玛土撒拉
Methuselah, the longest lifespan person ever

玛土撒拉 Methuselah 是世界上活得最长的人，969 岁。更有趣的是，他的父亲以偌 Enoch 是人类唯一 一位还没尝过死味的古时代的人。以偌是亚当的第 5 代孙子，他与神非常亲近。在他 365 岁还活着时被神提走。可以算是大洪水灾前被提的唯一 一位活人。这样，世界上寿命最长的人玛土撒拉，却死在了他父之前。有点拗口，但很奇妙。

Adam 930 岁 -> Seth 912 岁 -> Enosh 905 岁-> kenan 910 岁-> Mahalalel 895 岁-> Jared 962 岁 -> Enoch 365 岁+（never died) -> Methuselah **969** 岁 -> Lamech **777** 岁-> Noah 950 岁

这些数字是他们活的年数。大洪水前，人都活 900 多岁的。7 是神的数，读【启示录】就知道，好多 7 的。人的数是 6。比如，启示录里的 666. Lamech 活到了 777，大洪水前，全是 7。最后的世界末日大审判前，也是 7，好多好多的 7。

更奇的在后面。

玛土撒拉这名字的意思是"his death shall bring, 在他死时必将带来；在他死时必施行审判"。那时的人会不会很怕玛土撒拉生病或出意外，因为耶和华神说在他死时要施行审判。

玛土撒拉在 187 岁时生下儿子 Lamech。Lamech 182 岁时生下儿子挪亚 Noah。在挪亚 600 岁那一年，他的爷爷玛土撒拉 969 岁，死了。 187+182+600=969。这一年，闻名于世的大洪水淹没了全地。耶和华神的大审判经过四代人的宣讲，正如神说的"到他死时必要施行审判"，按时施行！在这一大灾中，有 8 位人得救，进了挪亚方舟，一条大【船】，算是灾前被提。他们是挪亚夫妇和他的三个儿子和儿媳。中国字记录了这一奇迹：【船】- 八口人在一舟里。

当时的世界邪恶至极，乱性，并有败落的天使与人生产出巨人来，将人类的基因污染。但神仍给与怜悯，让玛土撒拉活到最长寿 969 岁，让 Enoch 一家四代人传福音。但除了挪亚一家，无人听劝。

现在的人类是从方舟存活出来的挪亚的三个儿子儿媳繁衍而来。大洪水后，神给人 120 年寿命。现在好好健康的人活 100 年没问题。活过 120 岁的人几乎没有，因为这是神定给人寿命的界限。如果有的话，也是生日给记错了，或者是刚刚大洪水后的过渡时期。

凡读圣经的人都懂，旧约里发生的事都是引子，它预表同样的事会再发生。再发生时就是一次更大的事件。

整本圣经再没提以偌 Enoch，只到圣经新约的最后一本书信【犹大书】里，Enoch 出现，预言了主耶稣再来时对世界的大审判。当然是比大洪水还要大的审判。Jude 14-16. 请查阅。

圣经其实就讲了一个人类的故事。对神的儿女来说，是一个 Happy Ending。

神造了你又拣选了你，当然得想办法把你接回家。这一趟接儿女回家可真是费尽了心，满满的爱。还搭上了神独生儿子耶稣的性命。圣经是天父给祂儿女的家书，你若从未读过这本书，那肯定是活不明白的。你能回答，在世上要遭这么多罪，活这一圈有什么意义吗？

但是，读懂了圣经，你才明白：

要说意义，只有一个，就是认识神，荣耀神！

要说别的，当然各人不同。

要说生命，下辈子，才是真正的生命。

这辈子只是个前凑而已，小小的几十年，最多 120 年。在这个前凑的短短年月，人总是在为生存，为钱，为权，为身外之物，费尽心思，精力和感情。弄得自己心力憔悴，疲惫不堪。 而这个看不到的灵魂，真正的生命，可以给人带来喜乐的生命，却被忽略和遗忘了。当然，有多数人根本不信，听不懂，因为他们的耳朵没有打开。不要以为大多数人做的就是对的，真理从来是在少数人那里。

~2020.4~

最重要的三兄弟

The three most important brothers

大洪水后全地只剩下挪亚一家，经他三个儿子繁衍至今。可以说人类来源于这三弟兄。他们是什么样子的呢？

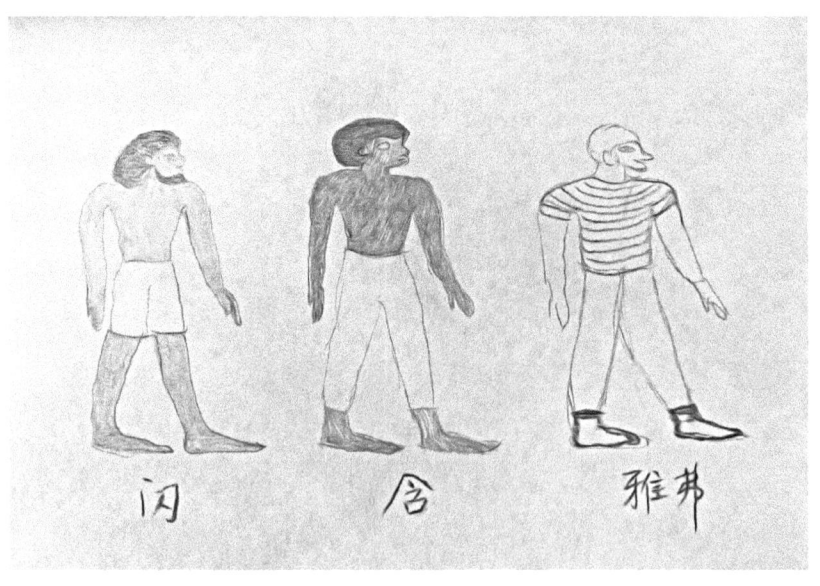

18 出方舟挪亚的儿子就是闪、含、雅弗，<u>含是迦南的父亲</u>。 19 这是挪亚的三个儿子，他们的后裔分散在全地。【创世记 9:18】

圣经为什么强调含是迦南的父亲呢？是为下面的故事铺底。老大是闪(Shem)，老二是雅弗(Japheth)，老三是含(Ham)。为什么要将小儿子含置于俩哥哥中间呢？

下面的这个故事，看似很一般，但其实意义超越历史上任何一个重大事件。从这件小事，神看到三个人本性的差异，从而定下了祝福与诅咒。也可以说，为人类各族的次序定下了框架。

20 挪亚做起农夫来，栽了一个葡萄园。 21 他喝了园中的酒便醉了，在帐篷里赤着身子。 22 迦南的父亲含看见他父亲赤身，就到外边告诉他两个弟兄。 23 于是闪和雅弗拿件衣服搭在肩上，倒退着进去，给他父亲盖上，他们背着脸就看不见父亲的赤身。【创世记9】

挪亚醉了酒，赤身露体。这是羞丑的事。

三个儿子的反应大不相同。

小儿子含第一个看到，他不但不为父遮丑，反而背后说给人听。这个含是一个不尊重长辈，爱背后说人坏话，幸灾乐祸的小人。而他的两个哥哥闪和雅弗，就很正派，顾及他人的软弱，背着脸不看，盖上，遮丑。这个故事告诉我们，当他人犯错，不应该去外面宣扬，把别人贬低，好似自己高高在上。中国文化有着相似的教诲，比如，上德不德，下德好德。道德不好的人才嗜好评头论足，说三道四。而论断长辈，又罪加一等。

在西方文化，背后说同事邻居的坏话是令人不齿的行为。他们比较忌讳做这样的事情。这个优秀品格应该与这个故事有关联。

闪和雅弗的好行为是一致的，因此，他俩得到了祝福。接着读。

24 挪亚醒了酒，知道小儿子向他所做的事，25 就说："迦南当受咒诅！必给他弟兄做奴仆的奴仆。" 26 又说："耶和华闪的神是应当称颂的！愿迦南做闪的奴仆。 27 愿神使雅弗扩张，使他住在闪的帐篷里，又愿迦南做他的奴仆。"【创世记9】

为什么含做的事要诅咒他儿子迦南呢？

这是一个谜。有很多种猜想，假设。英文查了一下，猜得好复杂，比如说，是因为迦南第一看到，告诉了含，含再传，等等。这明显与经文不符合。

在创世记9:1，圣经说：神赐福给挪亚和他的儿子们。

因为神赐福了三个儿子，挪亚就不能去诅咒含了。应该就这么简单。

含生有四个儿子，迦南应该是最像含的，长像和性格。含是迦南的父亲，圣经一开始就埋下了伏笔。这就像塞特 Seth

最像亚当 Adam 是同出一辙。如果这个孩子很像父，基因是很厉害的，父的德性爱好都会传给他。况且，生活在一起，孩子学父是自然的。所以，挪亚诅咒迦南如同是诅咒了含。含的后代将会做二个哥哥后代的奴仆。

好像这个诅咒太重？这仍是一个奥秘，奴仆的奴仆，真正寓意是什么？挪亚的这几句预言是大洪水后的第一个预言，决定了人类的次序吗？挪亚醒酒后的三句短短的预言，居然每句都重复迦南要做他弟兄的奴仆，重复，表明重要性。这在圣经里非常的常见。

我们都知道非洲人确实是做了白人的奴仆。非洲人是含的后代。含的大儿子古实就是去了非洲。

至少，有一点确定，圣经希望世人皆知，那就是'背后揭人短，评头论足，说人坏话'是严重的罪。因为说人坏话就是把自己提升到神的位置去评判他人。这是骄傲的，自以为是的。

再看二位哥哥。

先看大哥闪。

【耶和华闪的神】 这句预言了神会拣选闪的后裔做祂的子民。闪的后裔是谁呢？圣经很详细的记载了闪的后代，创世记 11:10-26。闪后第 10 代，就是著名的亚伯兰，神与他立约时改名为亚伯拉罕（众人之父）。他的后裔以色列人是神的选民。应验【耶和华闪的神】。

看看神做事的时间。

亚当后10代，挪亚被神拣选为'人类之父'；

闪后10代，亚伯拉罕被神拣选为'选民之父'。

什么时候发生什么事，一切都在神的掌控之下。日子早就定好了。信不信由你。

再看二哥雅弗。

【愿神使雅弗扩张】

雅弗的后裔为欧洲白人，他们曾殖民亚、非裔，巴勒斯坦等地，应验了'使雅弗扩张'的预言。

【使他住在闪的帐篷里】

耶稣基督是出自闪的后裔犹太人，却最先为雅弗的后裔欧洲人所接受，成为神的子民基督徒，耶稣基督是主，应验了【使他住在闪的帐棚里】。

挪亚的这几句预言，有很深的属灵寓意，也有可见的真实历史。这个世界上的很多事，已被这预言锁定。这个预言可以说是最难懂的，有待更好的解读。

三兄弟的名字也很有意思。

闪，意思是名，称颂神的名。闪的后裔是神的选民，他们为人类贡献了圣经，使世人认识了当称颂的耶和华神的名。

雅弗，意思是 good-looking，好看，美丽，欧洲白人确实是长得漂亮。

含，意思是 hot，热。非洲人源于含的大儿子古实，非洲是最热之地。

雅弗的后裔居住欧洲，闪的后裔多占中东/亚洲，含的后裔多占非洲，中东/亚洲。中国人是含还是闪的后裔，不确定，俩种说法都有。我们汉民族更像谁呢？

请读下一篇 —— 含与汉

~2020.5~

含与汉
Ham and Han

上一篇讲了三兄弟出方舟后的故事和他们的父挪亚对他们后裔的预言。含的儿子被三次诅咒。谁都不希望是含的后裔。

闪和含的后裔混居，在东亚地域二者均有，很难从地域上辩别。但从性格特征上，汉族人是谁的后裔，这个辩别似乎不难。

1）闪的后裔信仰唯一真神耶和华。

看看闪的后裔以色列人是如何信神的，他们的虔诚，执着，视宗教重于生命。这是有目共睹的。中国人信老子，孔子，释迦牟尼，马克思，等等，或无神论，都可以。而且抱有'信则有，不信则无'的混乱，又是'龙的传人'。有急需的时候拜一下，平安无事时不去信什么的。中国以前很少人信耶和华神。欧美基督徒（雅弗后裔）19 世纪初来华传耶稣，也被义和团杀光光了。闪的后裔信仰唯一真神耶和华，所以汉人不太像是闪的后裔。

2）为什么含被诅咒？

因为他的 judgemental 特征。背后论断人和事。

中国人的 judgemental protein 太多了。是的，几乎所有的 ABC，在美国长大的中国人的孩子，都抱怨自己的父母 judgemental。中国人是不是相对更喜欢批评人，评头论足，自己最清楚。在美国生长的孩子，回到家，对中国父母的论断式'管教'非常反感。

中美文化的差异在孩子身上呈现出明显的冲突。

论断是所有人都会犯的罪，我们每个人肯定也都受过被人论断的苦。有的人会因为他人的丑事或倒霉事而窃喜，那叫幸灾乐祸，是低下的差德。人在论断时常常自以为是，其实常常是错的，是自己狭隘的判断力所导致的。可悲的是，他还以为自己是正确的。论断最大的罪性是它的自义，在潜意识里已把自己抬高到了神的位置。只有全知全能的神能审判，论断，轮不到被造的人。自义里含有极大的骄傲，而骄傲是人所有罪性中神最讨厌的。

我想，这或许是为什么含的后代被三次诅咒。他对父的丑事幸灾乐祸是不义，背后说闲话，论断长辈是罪。

3）迦南生了许多儿子，其中一个名叫西尼（Sini）（创 10：17）。

有的说是 Sini 迁移到了中国，希伯来语称中国人为 Sini (Chinese), 后来到希腊语 Sinae, 发展为现今的 Sino（China）。字典里说，Sino refers to China, Chinese people。

4）含与汉谐音，是巧合吗？

是吗？

人有罪性，所有不信耶稣的人，无论是谁的后裔，都受诅咒。而信的人，那诅咒却归到了主耶稣的身上，而能与神和好。Make peace with God。

自从主耶稣降临人间，是谁的后裔现在真的没什么意义了，诅咒或祝福由自己定。只要你愿意，信耶稣，就可以重生，得到永恒的祝福。做不做'奴仆'其实是自己的选择。

感谢主我们有幸活在恩典时代。

~2020.5~

祖孙三代 - 亚伯拉罕
The Three Patriarchs - Abraham

在犹他州的锡安国家公园(Zion)，有一个较小的景点停站，观看几座山。这是三座六千多英尺的山峰。

1916年，卫理公会的牧师(Methodist Minister) Mr. Fisher，给这几座山命名为 Court of Patriarchs [族长庭]。因为三座山

分别代表三位德高望重的以色列族族长亚伯拉罕，以撒，和雅各；而山峰前面，恰好代表了他们所生的儿子数。

我来讲讲这 Patriarchs (族长) - 祖孙三代的故事，源于创世纪。

亚当后的第十代，就是那位建造方舟，救出了八口人和动物种子，闻名于世的挪亚 Noah。他的大儿子是闪，闪后的第十代，是亚伯兰【创 11:10-26.】，神与他立约后，给他改名为亚伯拉罕（Abraham）意思是'众人之父'。

神用挪亚救出人类的种子，使人类开始在地球上繁衍。神又要用亚伯拉罕救出万族中祂所拣选的臣民，最终与神团聚【地上的万族，都要因你得福。创 12:3】这个使命还在进行中。亚伯拉罕的性格很像他的老爷爷挪亚：谦卑礼貌温和，有正义感。是柔中带刚，顺服又坚强的优秀男子。而最耀眼的，他们都是神眼中的义人。什么是义人呢？信耶和华为神的人就是义人。这可不是我说的，创世纪15：6为证：亚伯兰信耶和华，耶和华就以此为他的义。这句话曾让我非常的感动，造天地万物的主啊，您咋就把义人的门槛设这么低呢？现在才明白，不是一家人，不进一个门。与门槛的高低也没啥关系。

亚伯拉罕的任务比起他老爷爷挪亚的，那简直是轻松啊。简单概括，就是生个儿子，儿子再生儿子，一直生下去，生成一个大国，大的像海边的沙，天上的星，数都数不清。

这是神给他的应许：

我必叫你成为大国，

我必赐福给你叫你的名为大，

你也要叫别人得福。

为你祝福的，我必赐福与他；

那诅咒你的，我必诅咒他。

地上的万族，都要因你得福。 创 12:2-3

亚伯拉罕肯定不全懂这里面属灵的深刻含义，但明白神要赐福给他及他的后裔。他浑身解数的使劲，可无论如何，他的妻子撒拉（Sarah）就是不孕。他可能觉得自己这任务比老爷爷 Noah 造船难多了，使不上劲啊！眼巴巴的看着撒拉进入了更年期，儿子的影儿都没。 妻子也在绝望痛苦中，无可奈何的把自己的埃及使女夏甲（Hager) 递给老公做小三，来完成这个任务。如同夏娃递给亚当吃禁果，撒拉也递给亚伯拉罕一个禁果 - 夏甲。

这位埃及妹妹可了不得，一上位，便轻看主母，且生下了一个壮实的男孩，起名以实玛利（Ishmael)。他为人像野驴，爱攻打。 夏甲还为他娶了埃及人做妻子。他的后裔就是头上裹着长长的布带子的阿拉伯人。 这庶出的后裔阿拉伯人至今仍与嫡出的后裔以色列人打得不可开交，从未间断。溯源的话，还真是 Sarah 的错，亚伯拉罕算是同犯。

亚伯拉罕99岁时，神带着2个天使下凡来'微服私访'。说，你明年必得一子。看看，那小三生的根本不算数！只是在添乱而已！老头老太太偷偷的笑，快入土的人了，咋弄啊？当然，他们没敢说出来。神知道他们在想什么，说：耶和华岂有难成的事吗？(Is anything too hard for the Lord?) 这金句可是很多基督徒的最爱，因为当他们有难处，就这样祷告神。如神所定，亚伯拉罕100岁时果真得一儿子，起名以撒（Isaac），意思是喜笑。

他为儿子娶好了从本家族挑选来的妻子利百加（Rebekah)，又将庶出的儿子们送往东边，远离以撒，将自己的所有产业都给了以撒，然后安安心心的寿高年迈，气绝而死，享年175岁。圆满完成神交给的任务！人老了真该学习亚伯拉罕，在老迈糊涂之前，将大事都处理好。对了，他为什么活过了120岁？因为刚刚大洪水，在这个过渡时期人还可以活超过120岁。

知道了为什么撒拉一直不孕吧，因为神要等亚伯拉罕一百岁时得子。撒拉老太太九十多了，能生孩子只能是神迹。神所选的每个臣民都有神迹，而他们的万族之长难道不该有个大神迹吗？神迹若不发生在你身上，你是很难信有神的。但是如果神迹发生在你的身上，你却认为，那是运气，巧合，不是神迹，那你基本无救。

接下来讲以撒Isaac。

~2023.11~

祖孙三代 - 以撒
The Three Patriarchs - Isaac

以撒的性格也是谦卑礼貌温和，有正义感。 柔中带刚里，他的柔多于刚，很顺服，少英勇，多忍让，与世无争。因此，他一生平和顺利，没什么波折，也就没什么故事。 他的顺服，在他少年时被捆绑预备为燔祭的故事中 [创 22] 一目了然。

与他爹一样，他感情专一，钟爱妻子。他根本不要小三，也没妾。他这样的大富或首富人家，在那个年代的中东地区，不娶妾，绝对是独一无二。 他 30 多岁的时候母亲去世，他一直悲哀。 直到 40 岁，父亲给他娶了利百加，才得了安慰，可见他的柔。

利百加如同他的婆婆撒拉，容貌俊美，也不孕。以撒祈求神，神应允。在以撒 60 岁时，利百加生下一对双生子。老大浑身有毛，取名以扫（Esau），有毛的意思。他不虚此名，长大后是名勇猛粗旷的猎人，驰骋旷野。老二浑身无毛，抓着哥哥的脚跟出来的，取名雅各，意思是抢夺，取代（supplanter）。他也不虚此名，还真是取代了他哥哥的长子地位。 老大以扫是个二百五似的人物， 为碗肉汤居然换掉了自己长子的名份。而雅各的性格，则同于他的父和祖父：谦卑礼貌温和，有正义感。柔中带刚里，刚的比较倔强，柔的也肝肠寸断，深爱他的妻子。虽然一大堆妾，却情有独钟，只爱拉结（Rachel），从始至终。

这祖孙三代，独生子以撒最顺，没经历什么难事，也就没什么故事讲。他爱吃肉，灵也不太敏。仅有两个儿子，都分不清谁是谁！雅各的故事最多。 一生波折，与神同在，不断成长。从他，生出12个儿子，成长为以色列12支派。

下面讲雅各的故事。

~2023.11~

祖孙三代 - 雅各
The Three Patriarchs- Jacob

雅各性格安静，是个宅男。雅各在家熬肉汤，以扫从野外冲回家，饿晕了，求汤。雅各说用你长子的名分买这汤，行么？以扫居然就同意了。虽然这只是两兄弟之间的斗嘴，但不难看到，以扫轻看自己长子的名分，一碗肉汤就给卖了；而雅各却渴望得到这个名分。妈妈利百加偏爱雅各，为了让他得着长子的祝福，递给雅各一个禁果 - 用诡计假扮成以扫，骗取了父亲的祝福。一言既出驷马难追。这个祝福给了就不可收回。雅各得着了长子的祝福。

祝福是这样的：

愿多民事奉你，多国跪拜你；愿你做你弟兄的主，你母亲的儿子向你跪拜。凡诅咒你的，愿他受诅咒；为你祝福的，愿他蒙福。【创 27:29】

愿全能的神赐福给你，使你生养众多，成为多族，将应许亚伯拉罕的福赐给你，和你的后裔，使你承受你所寄居的地为业，就是神赐给亚伯拉罕的地。【创 28:3-4】

以扫为此要杀他。雅各只好离家逃跑。逃到他舅舅拉班的家。在逃亡的路上，梦见了天梯，神在天梯上方给了他同于爷爷亚伯拉罕，父以撒的应许：地上万族必因你和你的后裔得福，。。。我也与你同在，你无论往哪里去，我必保佑你。。。雅各这是第一次梦见神，他还从未有过与神同行的神迹。他梦醒后这样对神说：神啊，你若与我同在，保佑我，给我吃穿，使我平平安安回到父家，我就认你为我的神。他对后裔啊万族因他得福啊，没兴趣。他要的是存活下来，不再逃亡，回到父家。神若能帮他实现这个，他就信。不然，就不信。这其实是很多基督徒最开始的写照，为得到自己想要的，和神讨价还价。我自己就是这样的，我说，神啊，你给我一个 sign, 就信你。神给了我 3 个。吓死人了！还不信吗，又不是猪！

　　雅各逃到了舅舅家，爱上了舅舅的小女儿拉结，为娶拉结，他愿服事舅舅 7 年。舅舅却用诡计待他，服满 7 年时，骗他娶了大女儿利亚（Leah）。想娶拉结，再干 7 年。这就是 KARMA 吧。雅各用诡计待他哥哥，舅舅用了十倍的诡计待他。拉结如同他的婆婆利百加，容貌俊美，又是不孕。利亚却为雅各生了 6 个儿子，一个女儿，可仍得不到雅各的心。拉结无奈，让自己的使女上，代生了 2 个儿子。利亚照抄，她的使女也生了 2 个儿子。拉结苦苦求神，神顾念她，终于如愿以偿，生了 2 个儿子，成为雅各的至爱。就这样，雅各得了 12 个儿子。

　　雅各和拉结

　　雅各为娶拉结服侍舅舅 14 年，因神与他同在，他所做的尽都顺利，使他舅成了富户。14 年到了，他想回父家。舅舅才不放人。说，我给你付工钱，你开价。雅各说所有带斑有纹的羊归我就成。老舅喜颠颠啊，有纹带斑的羊一般都是瘦的病的羊。因神与雅各同在，壮实的羊都带有斑了，他大发了！老舅恨啊，对他各种刁难，十次改他的工价。雅各干了 6 年，已积累了很多财富，不想再受老舅的刁难，就决定带着四个老婆，一大堆儿女仆人及所有的牲口逃回老家。老舅得知女婿全家跑了，即刻带人日夜追赶，7 天追上了。夜间，神在梦中警告他不许欺负雅各。若不是神的干预，贪婪的老舅定会让雅各空手而去。次日，他不敢乱来。只逼问雅各为什么偷走他的神像？雅各不知道拉结偷了她父家的神像，就发毒誓，说，谁偷了谁就不能存活。你搜吧！老舅搜了个遍却没搜到。因这

毒誓，亲爱的拉结在回丈夫老家的路上去世。那个时候，人发誓都是要兑现的。雅各的余生为自己的年少轻率，悔恨不已。

　　拉结去世后，雅各就郁郁寡欢了。雅各本生在大富户的家，过着养尊处优，煮煮肉汤写写画画的轻松日子。然而，一个犯错，使这一切结束。他为了拉结，在野外放牧14年，"白日受尽干热，黑夜受尽寒霜"，还被硬塞给了另外三个老婆，家里的矛盾争纷都不是他想要的。可拉结却因他的毒誓而死。雅各的日子不舒坦啊。然而，在这漂流的二十年里，雅各经历了与神同在的大恩典，他的灵在苏醒，在成长。神借着他，生出了以色列12支派的种子。他的生命是有意义的。

　　话说老舅退去，雅各一行继续前行。神为增强他的信心，派了神的使者保佑他。照说，经历了老舅事件，又亲眼见到了神的军兵，他应该明白神在为他保佑护航。然而，当送信的人告他，你哥带着400人过来了。雅各就惧怕愁烦，怕他哥杀他全家。雅各派仆人先行在前，带着厚重的礼物或许能减轻他哥的恨，又将队伍摆好阵：二个妾及妾生的孩子排在队前，利亚及她的孩子接着，队的最后跟着拉结及她的孩子。万一打起来，后面的或许能逃掉。他然后恳切的祷告神，他仿佛怕神不记得神的应许，说，神啊，你曾说，要我回本地本族去，要厚待我。你对仆人所施的一切慈爱和诚实，我一点也不配得。求神救我脱离我哥哥以扫的手，平安回家。

那夜，有神的使者与雅各摔跤，雅各倔强不肯服输。抓住他不放手，要祝福。那神的使者给了他祝福，并改了他的名字为以色列，有二种意思【上帝争战，上帝得胜；尊贵的王子】。这一刻，是雅各生命的转折点。以扫的400号人马正浩浩荡荡开过来。雅各走在他这只老弱病残的队前，一连七次俯伏在地来到他哥前。这应该是他发自内心真诚的道歉。以扫上来，原谅了他，两人拥抱和好。以扫不肯接受弟弟送的大礼，雅各求他收，说：因为我见了你的面，如同见了神的面。雅各心里明白，这一切是神的恩典。以扫的400号人马轻松可以把他的妇幼老小杀个光。这个礼物是谢哥更是谢神。

雅各在神的帮助下，成功的脱离了老舅的纠缠，化解了兄弟的复仇，紧绷的神经终于可以放松了，回父家的路应该是顺利了吧。

与兄弟以扫和好后，雅各紧绷的神经终于松弛了。他在回父家的路上，在不该停的地方停了下来，还买地搭棚。他的儿女与当地居民发生冲突，杀了人。雅各再次陷入哀愁，恐慌。神让他离开此地。住在错的地方，祸害就会来的。

祸不单行，在路上，拉结在生产二儿子便雅悯时去世。雅各因此承受了巨大的打击和悲痛。这痛一直跟随他到生命的尽头。人的麻烦事消掉一个来一堆。是因为他倒霉吗？不是，根源还是在雅各。如果他不扎营在是非之地，如果他管教好了那一堆儿子，如果他不冲动发毒誓，这些都不会发生。

雅各终于回到了父家，却因爱妻的离去而郁郁寡欢。拉结生的大儿子约瑟成为他的至爱。约瑟的性格，在12个儿子中，最像雅各，喜静，宅男。因父亲的偏心，引发兄弟对约瑟的仇恨。在他17岁那年，兄弟们将他卖给埃及人而谎告他被野兽吃了。雅各痛失爱妻后又痛失爱子，日子更加孤苦悲伤，凄凄切切。雅各的苦还是源于他自己。假诺他不偏心，约瑟不会被兄弟害。人的苦都是自作的，不要怪别人，更不要怨神！

约瑟的故事最为精彩，编成了电影，各种版本。他经历了冤枉诬陷磨难挫折，神与他同在，最后当上了埃及总理。正值雅各所住的迦南地闹大饥荒，兄弟们去埃及买粮而巧遇约瑟，兄弟和好，父子重逢。约瑟接父亲全家70人移民埃及，400年后摩西引领以色列家出埃及。仅男人就有60万，全数约200万。马克西姆史诗级震撼钢琴〈出埃及记〉就是表达的这一奇事。

神让他们回到应许之地—迦南地，也就是今天的耶路撒冷地区。知道为什么以色列人决不放弃他们的土地了吧！老雅各活到了147岁死于埃及。他灵性敏锐，与神同行，临终前为12个儿子和约瑟生的二个儿子祝福，一点不糊涂。他自认为自己在世的日子又少又苦。

圣经旧约在记录完这三位族长之后，记述了雅各的12个儿子及后裔所发展的以色列国的历史，神对他们的祝福及管教。其中优秀的，软弱的，拙劣的，邪恶的各种人物登场，栩栩如生。这篇简述的（祖孙三代）只是开个头，使读者大概知道 [圣经] 并不是干巴巴的经书。希望读者去读 [圣经合和本]，1919 年出版沿用至今。

这三位族长虽与神如此亲密，也必须面对人世间沧桑。跟随神，并不是免去苦难，而是经历神的恩典，认识神，明白世间真相，看清人的本性，确信将来的天国是好得无比！此生虽苦短，苦尽甘来，才是我们的盼望。从这三个族长，不难看出，神选择的人都是诚实谦卑的人，他们虽有各样的缺陷，却单纯善良，神会为他们争战，终是得胜！ 圣经只当故事读，就可惜了。从故事中我们要寻思神的性情及做事的原则。神赐给人类（圣经）只有一个目的：救续！将神的儿女从世界的万民中救回来，续回来。一个都不漏！为此，不惜舍掉自己的独生子耶稣，赐给了世人。凡信他的，必得永生！

这可真是神说的！说到做到，神做事就是这样的厉害。哪里像人这么磨叽，为长生不老还去找药，找到现在也没个影儿。 神为什么选择亚伯拉罕，并以他为自己的朋友？神为什么选择雅各而不是长子以扫？雅各用诡计骗得长子的祝福，神没有阻止。雅各的舅爷用诡计待他，神不插手。神允许了拉结的去世。祖孙三代的爱妻都不孕，是求告主后才得子。这里面都有道理。让雅各全家进出埃及的属灵含意就更深刻了。

全本圣经目的：救赎，即呼召神的儿女 " 出埃及 "（埃及代表物质的世界），进入神的应许之地（神的国度）。如果一个基督徒对钱财权力名声爱不释手，丢失一点就肝肠寸断的，那他不是没走出"埃及"，是根本没打算出来。很多基督徒蒙神赐福，富有，位高，但他们的心爱神胜过爱世界。不会为点身外之物而痛不欲生。

出埃及是艰难的路程，马克西姆把它演凑得气势磅礴，得胜壮观。感觉有点误导。信仰不够坚定的，走的很苦还不一定出得来。 有位犹太人曾对美国人说：你知道为什么我们成功率高吗？因为我们读（旧约），而你们读（新约）。虽是玩笑话，却不无道理。让我们继续寻找圣经故事里隐藏的智慧和秘密。

"你寻找，就寻见。你叩门，就为你开。"

~ 2023.11 ~

创世记第38章的奥秘
The Mystery of Genesis 38

节选，译自于【Beyond Coincidence】作者 Dr. Chuck Missler

这断节选讲的是雅各的儿子的故事。雅各有12个儿子，他最喜爱的是拉结生的儿子约瑟夫，但他的第四个儿子犹大被他视为长子，代替了老大的位置。

The book of genesis is packed with very human events, but perhaps the climatic story is the tale of Joseph.

创世记中记载着许多人类事件，但也许最扣人心弦的是约瑟夫的故事。

From chapter 37 to the end of it we find out about this favored son who has meaningful dreams.

第37章描述了这个最受宠的儿子做了好几个很有寓意的异梦。

His brothers hate him and decide to sell him into slavery, where he manages to prosper until his master's wife gets him tossed into prison.

他的兄弟们因此而恨他，决定将他卖做奴隶。做奴隶期，他赢得主人重任，直到主人的妻子把他扔进监狱。

There he remains until he is 30 years old, when he is able to interpret the pharaoh's dream and is suddenly moved from the position of prisoner to what amounts to the prime minister of the known world.

他待在监狱直到 30 岁，恰时他得一机会解释了法老的梦。因这，他忽然就从囚徒高升为相当于现在总理的位置。

Finally, after many more years, he is able to be reunited with his brothers in one of the most gripping, emotional dramas in the Bible.

最终，在许多年后，他得以与兄弟们团圆，成为圣经中最令人动情的情感剧之一。

While most of chapters 37-50 are about Joseph, in chapter 38 we find a fairly sordid, unrelated tale about how Judah gets tricked into sleeping with his daughter-in-law, Tamar. Many people wonder what that story is doing in the Bible.

从 37 至 50 章大部分是关于约瑟夫的故事，而 38 章，却插入他哥哥犹大的丑闻——犹大被蒙与他的媳妇他玛上了床（见注解 1）。许多人不明白这个无关约瑟夫的故事安排在这里是什么寓意。

It's an important tale about the lineage that came from Judah, and Tamar is mentioned in the genealogy of Jesus Christ.

这是一个关于来自犹大系谱的重要故事，他玛在耶稣基督的家谱中被提到。

While it might be hard to explain to the young people in our families, chapter 38 is critical, and it includes some surprises that we do not find just reading the story.

虽然可能很难向我们家庭中的年轻人解释，但第 38 章至关重要，其中包括一些令人惊奇的内容，而仅仅阅读这个故事是发现不了这些奇事的。

These can be missed even by those who have a knowledge of Hebrew. By counting the equidistant letter sequences, however, we find some interesting things.

即使那些懂希伯来语的人也可能会错过这些奇事。通过计数等距字母序列，我们发现了这些有趣的奇事。

It turns out that we can find the name "BOAZ" in chapter 38 at 49-letter intervals. The name of RUTH is also there at 49-letter intervals. That is a fun coincidence. Except, that we also find the name of OBED, JESSE, and DAVID. The names associated with the family tree of DAVID are all found at 49-letter intervals and in chronological order.

原来，在第38章中，以49个字母为间隔，我们找到了名字"BOAZ"（注2）。RUTH的名字也以49个字母的间隔出现。这是有趣的巧合吧。可是，我们接着找到了OBED，JESSE和DAVID的名字，全是以49个字母的间隔出现。与DAVID的家谱相关的名字全都以49个字母的间隔出现并按出生的时间顺序排列。

It makes us realize that even when Saul was king, David was never an afterthought, he was in the wings all along, and we find his ancestry encrypted in the 38th chapter of Genesis.

这使我们意识到，即使当扫罗做国王时，大卫根本就不是临阵添加的（注3），他一直都在神的预备中，他的祖先家系早已隐密在创世记的第38章。

注解1：

犹大出于私心保护他的小儿子，根本没打算履行与他玛之婚约，欺哄她回娘家，守寡而无望。他玛被逼无奈挺而走险，装扮成妓女以诡计待犹大，使自己重新回归犹大家的名下，为犹大家留后。他玛冒着失去名誉和杀生的危险，为取得后裔，使家族能繁衍延续下去。虽然她的行为也是犯罪，人们挺佩服他玛的勇敢和气魄，视她为民族英雄。他玛的故事在以色列历史中家喻户晓，百姓都认知他玛的蒙恩，完全是出于神的怜悯和恩典。他玛为犹大生了一对双生子，法勒斯和谢拉。法勒斯原是老二，但抢着先生出来，就取了这个名字。犹大后裔英勇如狮，应该是有他玛的基因。法勒斯是犹大支派的首领拿顺的祖先（民 2：3），也是大卫的祖先（得 4：18，代上 2：5）。又是主耶稣基督肉体的祖先（太 1：3）。就因着法勒斯的出生，他玛在耶稣基督的家谱里，占有一席之地。

注解 2：

Boaz 和 Ruth 是夫妻，生了 Obed. Obed 生了 Jesse，Jesse 生了 David。38 章是摩西在大约 1445 BC 写的。也就是说，在大卫出生前的 410 年，圣经已将大卫祖宗家谱按顺序用密码已准确的列出。人类的剧情按着圣经的预言一部一部的按时播放，连名字都已定好。这还不令人惊奇与信服吗？简直是太震撼了！

注解 3：

大卫接替扫罗做国王。大卫是以色列国最伟大的国王。

神早已选定以色列 12 支派中的犹大支派成就神的事业。犹大从他玛生的儿子法勒斯再传下去 9 代就到了大卫。大卫再往下传很多代到了主耶稣，应验了耶稣（肉身）来于犹大家系，是大卫的子孙之预言。

~2020.5~

大卫
David

上一篇说了在大卫出生前的 410 年，神就已经预备了他。Boaz 和 Ruth 生了 Obed，Obed 生了 Jesse，Jesse 生了 David。Jesse 有 8 个儿子，大卫是最小的。幸亏那个时候人还不知道做流产，不然他妈妈把他流掉了，历史就改写了。

大卫的性格如同"祖孙三代"里他的祖先：谦卑礼貌温和，有正义感，谨守誓约。是个内心充满怜悯，温柔的人。他聆听，不顽梗，知错马上认罪。 柔中带刚，顺服又坚强。大卫是个全才，能文能武，他是音乐家，诗人，勇士，国王。当然，是个美男子【他面色光红，双目清秀，容貌俊美。撒母耳记上 16：12】。

【大卫】米开朗基罗 Michelangelo 创作（1501-1504）

然而，他做国王时犯了一个大罪。

一天，大卫在宫中平顶上闲逛，看到对面居民区有一个名叫拔示巴的美女在沐浴，他派兵把她叫来，与她同房，她就怀了孕。她的丈夫乌利亚是以色列的勇士，正在前线打仗。大卫为了遮丑想让乌回来与他妻子同房，但没成。大卫就设计让乌死在了战场，娶了拔示巴为妻来解决这个难题。

2018 年我们也到了大卫宫的平顶逛了逛。可以很清楚的看到宫外的居民区。

City of King David

大卫已有多位妻妾，这个丑事完全是一时糊涂，鬼迷了心窍，违反了上帝的诫命。他犯奸淫后，一连串的极为惨痛的事件接二连三的发生在他及他的家庭。刀剑从此不再离开他的家。我们看到神对大卫公义的审判，即使神一直是喜欢他。尽管有这些不幸，在大卫的统治期间，国家是昌盛的黄金时代，是以色列国历史上最辉煌的年代。因为他的政府遵循神的律法来治国。但他本人则深为自己所犯之罪的后果所苦，家庭破裂，使他最后二十年在痛苦中渡过。可见，与自己的软弱争战，比与敌人争战更难。人要时时警醒，不可松懈，不可小看欲望的引诱，一失脚成千古恨。

大卫的一生充满了人类的各种情绪，各样的经历。他的诗篇涵盖了人类的每一种情感——从欢欣鼓舞到沮丧，焦虑，悔恨，痛心，愤怒以及介于之间的一切。从一个普通的牧童成长为以色列古国最优秀的国王，在他所经历的一切事上，大卫都归向神，倚靠神。当大卫与拔示巴犯罪后，他灰心丧气，内心痛悔，但他紧紧的求告，仰望造他的主，并赞美神，写下了诗篇 51 这样发自肺腑的心声【神啊，忧伤痛悔的心你必不轻看】。这种对神的全然依赖及紧紧的追随与神的亲密关系是大卫不同于其他圣经人物的一大特点。人与神应该是什么样的关系，在大卫的故事里及他的诗中一目了然。

神应许大卫的后裔要永远作王。那永远的王是耶稣，弥赛亚，我们的主。是大卫肉身的子孙，是神的儿子。在他，没有罪，完美的，King of the kings。

~2024.10~

以色列北国的命运（读何西阿书）

The fate of northern kingdom of Israel

以色列国最初的三个国王是扫罗（做王 40 年），大卫（做王 40 年），所罗门（做王 40 年）。之后，各种王轮换登场，长短不一。好王少，坏的多。所罗门死后，他儿子罗波安即位。他是个糟糕的王，在他手上，以色列国被分裂为二。北部十个支派形成以色列王国（北国，931BC 至 722BC），首都在撒马利亚。 南部二个支派（犹大和便雅悯支派）形成犹大王国（南国，931BC 至 586BC），首都在耶路撒冷。

先知何西阿写【HOSEA 何西阿书】时大约是在 752BC，正值以色列国最富裕太平时期。当时，亚述国很乱。以色列北国外无敌侵，她扩大疆土，太平盛世。然而，表面的昌盛下，正孕育着极大的危险。30 年后，北国悲悲戚戚的亡了。

扫罗王 40 年 ———》大卫王 40 年 ————〉所罗门王 40 年

以色列国在 931BC，分裂为二。

北国——以色列王国（10个支派）752 BC 鼎盛，722 BC 亡国

南国——犹大王国（2个支派）586 BC 亡国；1948年复国

最富裕之时，却是贫富差距最大之时。富人奢侈浪费，穷人为买一双鞋竟要卖掉自己（AMOS 8:6）。已到了神不可忍耐的地步。更甚，他们早已将自己的神抛于脑后，离弃耶和华，像淫妇一样，大行淫乱，公开有男妓，公开拜巴力假神。他们以为，自己很能干，一切都在自己的掌控之中，没必要去敬拜耶和华神。

北国总共有19个王，他们没有一个好的，个个都行耶和华神眼中看为恶的事。全然背信与神所定的契约。

上帝差派先知何西阿到北国去说预言，劝告他们悔改。这是上帝差派到北国的最后一个先知；这是对他们最后的警告，如不悔改，预言成真，神会灭掉北国！如果悔改，神必怜悯，不下手惩罚。

耶和华神命令何西阿去娶淫妇歌篾为妻。

对何西阿，这当然是一件非常痛苦的事。但他知道神的用心良苦。

神把祂的子民以色列人视为'妻子'，是意表神给予人如同丈夫给予妻子的爱，保护，供应和荣耀。丈夫和妻子的关系是合一，爱，保护，供应，尊重。可见神给人的地位有多荣耀。

因为造你的,是你的丈夫;万军之耶和华是祂的名。【以赛亚书 54:5】

不像我拉着他们祖宗的手，领他们出埃及地的时候，与他们所立的约。我虽作他们的丈夫，他们却背了我的约。这是耶和华说的。【耶 31:32】

可是这个与神有约的'以色列妻子'却成了淫妇，心里不再有神，装满了假神和恶。歌篾是所有以色列罪人的代表，在神面前已经恶贯满盈。然而，神却希望她悔改归回，只要她回转，并不弃绝她。因为：

耶和华说：以法莲是我的爱子吗？是可喜悦的孩子吗？我每逢责备他，仍深顾念他；所以我的心肠恋慕他；我必要怜悯他。【耶 31:20】

（注：以法莲指北国。神将祂的子民看为爱子，常常心肠软）

歌篾不也是所有世上罪人的代表吗？神差派祂儿子耶稣，降生在人间，说预言，劝告他们悔改。人类的罪只有借着上帝的儿子的死，才能赦免，才能终结。当耶稣再来时，神不是说，祂是来娶祂的'新娘'吗？新娘就是指爱耶稣的已悔改的'歌篾'啊。

这个以色列国的民族是顽梗的民族。他们真的是不听劝告，警告。他们在旧约的历史一直是这样重复着：行恶，神派先知去劝告，不听，更有甚者打死先知，神下手惩罚。然后老实了，赶紧拼命的祷告。神看他们改正，又祝福。他们好了又行恶，一直这样的打圈。 这就是人的光景吧。直到耶稣来世，赐给人福音，人才真正的从里面开始更新改变。

靠自己，就是打圈。

不管何西阿怎么警告，甚至按神的命令将自己三个孩子的名字都做了预言，老大叫耶斯列（灭以色列国）；老二叫罗路哈玛（不再怜悯以色列家）；老三叫罗阿米（不作以色列家的神），还是无用！！！

30年后，亚述国把北国灭了，一直至今再无北国。

读圣经一定要明白，神真正 care 的，是将人带入神的国度。对肉身，我们特别看重的这一世，肉眼能见的一切，钱，财，地位等等，对神来说实在不是事。人的心是神唯一 care 的。物质的一切都应该是为【心的变好】服务的。因着真心的爱耶稣，人的心才可变成慈爱，公义，怜悯。才能停止打圈。

北国是灭了，但神会在【耶和华大而可畏的日子】召集恢复北国和南国的子民回到锡安 Zion，直到永远。因为神是不变的，祂是守约的。

这就是北国的故事。南国即犹大国的故事更为曲折艰险。犹大国的民我们称犹太人。犹太人的历史是人类的时钟。

~2020.4~

以色列南国的命运
The fate of southern kingdom of Israel

当时的以色列南国犹大国比北国稍微好点。神说要怜悯犹大国，留有余种。接下来就有犹太人的故事了。

722 BC 亚述国把北国灭了，但没有入侵南国犹大国。

为什么？

在何西阿书，神说的很清楚，要灭掉北国。所以当时南国没事。

后来，巴比伦国战胜了亚述国，入侵了犹大国，烧了神殿，将犹大国民掳去巴比伦国为奴 70 年。再后来，波斯帝国又打败巴比伦国，538 BC 波斯国王 Cyrus 在神的感化下，让犹太人返回故土，重建神殿和家园。 但重建的犹大国，只是波斯的一各省,不再是独立的国家。

从这时起，以色列人被称为犹太人。之后，波斯帝国被亚历山大大帝的希腊帝国统治，再之后被罗马帝国统治。 在罗马统治年间，公元前四年，神差派祂的独生子耶稣下凡道成肉身，做人类的救世主。却被苦苦等候神的无知的犹太人将 33 岁的主钉上了十字架。他们不信耶稣是神的儿子，高呼，"把他钉十字架！"巡抚说"流这义人的血，罪不在我，你们当吧！"。犹太人答："他的血归到我们和我们子孙身上。"

主死后40年，公元70年，犹太人为了脱离罗马人的统治，发动反击。结果大祸临头，城和圣殿再次被毁，犹太人被杀者多达二百万，剩余全部逐出犹太地，分散到各国，颠沛流离2500年，直到1948年复国。"他的血归到我们和我们子孙身上。"这是犹太人说的，也确实是这样了，他们子孙所受的苦难全世界有目共睹。

这样一个人数稀少又分散于各国，劫难深重不断，2500年都没有被同化，消灭，并奇迹般1948年复国，这是神的怜悯和守约。没有其他的解释。

刚刚成立的新国，还在摇篮之中，就被周围的阿拉伯国家联合围攻，不断地发起战争，要消灭掉这个摇篮之中的小小以色列国。可是每一次，他们都以大败告终。他们也不明白，为什么几十倍多的部队和武器，同时几个方向发动进攻，每次都一败涂地。因为他们没有读圣经。圣经早都写了，他们就是在浪费生命。

以色列国的历史走向，在圣经中有完全的预言，她的每一步都是按着圣经预言走过来的。

而现在，到了末世的门前，密切关注南国（以色列国）的走向，她是世界的时钟。

~2020.8~

"我的良人白而且红"
"My beloved is all radiant and ruddy"

【雅歌 Song of Solomon】从文字上看，是一篇男女爱情的诗歌；从属灵的深层看，却是基督与属祂的人之间的深爱。人间最纯洁最高尚的互爱是男女爱情，因此，圣经里多处以夫妻之情来形容神对人的爱，使人能明白神对人的感情。犹太人每年逾越节诵读【雅歌】，以铭记神对他们的爱。

本文，我却从字面上来解读一段【雅歌】，一段很美的情诗，这是天下夫妻都可以学习得着的。

雅歌第 5 章。

这位女子正半睡半醒（I slept, but my heart was awake)。她听到了敲门声，是她的良人-她的爱人。他在求她开门。很明显，他们的关系正有难处，或许刚刚闹了别扭。他在门外说：

"Open to me, my sister, my love, my dove, my perfect one,"

"我的妹，我的佳偶，我的鸽子，我的完全人，求你给我开门，"

是他得罪了她？还是她自己在生气？他在门外温柔的呼诉她'开门'，赞美着她。

先称她为"sister 妹'，兄妹的关系是不可改变的，表达他们的关系是永恒的。

"我的爱，我的鸽子。"鸽子代表忠诚；perfect（完美）表示她无可指责。

可女子却在找理由拒绝。她说："我脱了衣裳，怎能再穿上呢？我洗了脚，怎能再玷污呢？"

她在为难他，给他 hard time。不起来开门。

他带来没药，从门孔里伸进手指。女子动了心，被他感动，慢慢起来去开门。可是，太迟，他已走了。

这时，剧情急转直下，"我寻找他，竟寻不见；我呼叫他，他却不回答。"她冲进黑夜去找他，却被守夜的人打伤，夺去了她的披肩。她极其思念，对她的女伴们说，你们若是见着了他，请告诉他，我已思爱成病 lovesick。

她的女伴们问："你这女子中极美丽的，你的良人比别人的良人有何强处？你就这样嘱咐我们？"

她开始数算他的美好，5:10-16 的经文即是那著名的赞美她良人的情诗。

她说：

"我的良人白而且红，超乎万人之上。

My beloved is all radiant and ruddy, distinguished among ten thousand."

<u>radiant</u> 是光芒四射,光彩照人的意思，和合本圣经译为'白'；<u>ruddy</u> 是红润健康。这一句就够厉害了，她却从头到脚将她良人的伟大（Greatness）诉说给她的女伴们听，最后说："耶路撒冷的众女子啊，这是我的良人，这是我的朋友。" <u>朋友</u>指明友谊在婚姻中的重要性。夫妻是朋友，才会幸福。

雅歌第 6 章。

女伴们听完，就问她，那你知道他会在哪里吗？我们好与你同去找他。

女子此时渴望去修复，抚慰他们的关系，她后悔自己将他的爱当做理所当然而不珍惜。她心里开始明白他也是同样想恢复他们的关系。她懂她的良人，他一定是要用他做的工来显明对她的爱。所以她信心满满，胸有成竹的告诉女伴们，她的良人一定在园子里做工。

在园子里她找到了做工的爱人。他有没有责备她的任性，她的过失？他有没有哀叹，为自己感到难过？他有没有游梦于虚幻之中，希望他娶的是另外一个女子？

都没有。他在做工以此来修复他们之间的不快。他感谢她，赞美她，独独的钟爱她胜过其他女子。

他说：

"我的佳偶啊，你美丽如得撒，秀美如耶路撒冷，威武如展开旌旗的军队。求你掉转眼目不看我，因你的眼目使我惊乱。。。。。。有六十王后八十妃嫔，并有无数的童女。我的鸽子，我的完全人，只有这一个是她母亲独生的，是生养她者所宝爱的。"

在夫妻的关系里，要数算对方的美德，赞美她/他，舍己专一的爱。而不是责备，哀叹自己多么的不幸。

基督是这男子，属祂的人是这女子。基督对你的爱是不变的，忠诚的，专一的，永恒的，舍己的，像烈焰般不可熄灭。祂没有责备，只有宽恕和恢复。你若是爱耶稣，那真是有福。

~2020.7~

跨入千禧年前的动荡

The turmoil before the millennium

神造天地，用了 6 天。第 7 日歇息，定为圣日。"主看一日如千年，千年如一日。" [彼得后书 3:8]

从亚当至今，人类劳作了 6000 年，第 7 个千年为千禧年；应对 6 日+圣日。

亚当 —〉2000 年　亚伯拉罕 —〉2000 年　耶稣基督降世 —〉2000 年 现在　—》1000 年（千禧年）

我们现在的时代是跨入千禧年前的重大时期。地球正悄悄的，轰轰的即将驶入第 7 个千年。我们看到前所未有的新奇事，正在发生，将要发生。准备好了进入千禧年吗？

2016 年政治素人川普上任，轰动全球。他打破现局，抵抗全球化，回归传统，为老百姓的利益而战。选上总统之时，民主党，媒体，超富们就开启了联合迫害，弹劾下台的程序。诡计——失败，他却功绩斐然。不料病毒袭来，恰好大选之际。"天赐良机"，有人窃喜。人在做，神在看。超级量无审核邮寄选票加记票软件做假。谁是合法的 46 届总统，拭目以待。

"因为掩藏的事，没有不显出来的；隐瞒的事，没有不露出来被人知道的。"【路加福音 8:17】

为要更多的人进入千禧年，主会使美国重回基督复兴。愿美国不忘初心，带领世界爱真理，爱光明正大，爱基督，爱神！

~2020.11~

川普总统

President Trump（2017）

还记得最初川普先生宣布参加总统竟选吗？我们都没当回事，看看热闹。可是，事情越演越烈，把全世界人都吸引住了，密切的关注这场有史以来最为独特的总统竟选。

11/08/2016 的晚上，全国全世界都在紧张的等待投票结果。我相信川普必胜，因为圣经的故事（见下）。神若是干预，奇迹就会发生。果然川普赢了！一个商人，当美国总统？美国完了！川普当了总统，美国离完了到是又远了一程，赢了一段时间。美国在川普的领导下，会扭过头来走走上坡路。

圣经有一个很大的奇妙，那就是圣经里记载的事，是有模式的（pattern），它会重复发生。圣经不做解释，可通过它的模式，它的重复性，你就能悟出其中的奥秘。先是一个模子，或者说一个范例（paradigm），将来它会要再次的发生，且后一次的发生总是同类型但规模更大。

说说川普在《圣经》里的模子或 paradigm，耶户（Jehu）国王吧。

这是 Jonathan Cahn 的发现和领悟。他写了书，也到处演讲。在此，我做简单的概述和评论。

简单道来，他认为比尔克林顿（Bill Clinton）与以色列国王亚哈（Ahab）对应；希拉里（Hillary Clinton）与女王耶洗别（Jezebel）对应；约兰（Joram）与奥巴马（Obama）对应；而川普总统与耶户国王对应。

亚哈于公元前约 940 年登位，作以色列王 22 年，行耶和华眼中看为恶的事 [列王记上 16:29-30]。

比尔克林顿从当阿肯色州州长（1979 年）到离开白宫（2001 年）刚好也是 22 年，也行了很不当的事。

亚哈的妻子是西顿国王之女耶洗别，她热衷于参政，左右她的丈夫，他俩是'夫妻王'。耶洗别信奉巴力等假神，嫁到以色列国后，开始大力鼓吹和推行向巴力下拜，杀害小孩做祭物，压制崇拜耶和华的人。她是一个盛气凌人，反传统反耶和華神的女王。 亚哈听从妻子耶洗别，并配合执行，崇拜假神，带领以色列国远离神，远离正道。

克林顿任总统时，他的妻子希拉里几乎与他共同当任总统，是美国历史上第一对'夫妻总统'。希拉里热衷于参政。做为第一夫人，她却在管理主持白宫政事要事，影响她的丈夫。她是反传统的政客：极左，主张女权，堕胎，同性恋，热忠全球化，等等。

亞哈王去世之后，由耶洗别的兒子们继位。亚哈谢（Ahaziah)统治 2 年；约兰（Joram）统治十二年，继续着他老爹的恶行。耶洗别则以王太后的身份，继续毒害着国家和人民，总共有十四年。罪恶滔天的亚哈王朝最后被耶户结束了（列王纪上，下）。

年轻的民主党奥巴马上位，继续着克林顿的政策和路线前行。奥巴马从 2004 年在民主党代表大会上的主题演讲（keynote speech），到 2016 年离开白宫，也是 12 年，与年轻的 Joram 相似。克林顿下台后，希拉里继续发挥她对国家和政府的影响。希拉里任纽约美国参议院议员；出任奥巴马政府内阁国务卿，竞选总统，总共也是 14 年。

在 Joram 统治时期，耶户是一位武士，斗士。他不是政治家，是个粗人，不善花言巧语，却很勇敢。神要用他，结束亚哈王朝，让耶户接王位，避免以色列的快速毁灭。耶户奇迹般的完成使命！将亚哈王朝所建立的邪恶政治，巴力偶像，廟宇祭壇全部砸掉，清除。扭转了以色列国快速朝毁灭行进的方向。

而今天，神是不是要用川普，来扭转世界快速朝毁灭行进的步伐，用川普来结束极左政策呢？我们拭目以待。川普是个商人，也是个直性子人，不会搞政治正确，从未从政。他和耶户的相似，是他们都很勇敢，不善花言巧语。他们并不是品格有多优秀。做为总统，要看他的价值观，对人性解读的准确性。是否遵循《圣经》的教导领导国家。

耶户在位 28 年，为以色列国的亡国争得了一段间。最后，以色列北国在 722BC 被亚述国给灭了。

由此推算，川普也在为世人争得一段时间。然后，这个有罪的世界还是要被灭掉的，这是圣经里反复多次预言的，肯定的事，只是时间问题。 如果以色列的最后亡国是模子，这个世界的亡'球'就是要来的大事。以色列的复国，也预示世界灭亡后的新世界重建。以色列人在 1948 年复国之前，经历了极度的苦难。由此而推，耶稣再来重建新世界之前，世人也会经历更大的'极度的苦难'。正是！圣经的启示录里已将末日的大灾难预言的清清楚楚。那将是人类从未经历的痛苦。

世界末日和神的审判什么时候来呢？根据马太福音 24:32-34 经文，是在以色列复国后一个世代将来到。所以真的是很近了。神要召集祂的儿女，"复国！"重建家园！又是一个重复的模式（pattern)！以色列复国是个模子。地球的"复国！"才是要来的，终极大事！圣经的预言没有一字不兑现的。

在竟选辩论会上，还记得有苍蝇叮在希拉里脸上吗？ 苍蝇偏爱恶，也光顾过奥巴马多次。他们行的是同样的政策；奥巴马把政治接力棒从比尔克林顿接过，想再交给同党希拉里，继续民主党的极左错道，将这个世界快快的带入毁灭。好在川普杀出来，缓一缓。

或许你会说，民主党们关心劳苦大众，给穷人福利；保护妇女权利，堕胎；同性恋合法；把国门打开，帮助难民；全球合作统一；等等。这怎么是恶呢？表面上听，都很好啊。里面，全是肮脏腐败的邪毒。这是假冒为善者们的一贯手法，从古至今。

民主党给穷人福利，实在是在制造社会垃圾和负担。他们造出一大堆以左派洗脑自以为是的无脑青年；供养出一大批懒惰，只知道享乐而不做任何贡献的蛀虫。不仅仅是吃别人的劳动成果，还吸大麻，醉酒，乱交。但他们会将选票稳稳的投给供养他们的政党。一个人不工作会导致许多个人和社会问题。他们懂。

鼓励堕胎，就是鼓励随意的不负责任的性生活。性生活是夫妻之间才有的。这是从古至今人类遵循的一条法律。在我们这一代，结婚时若不是处女，是极大的羞辱。可到了我们的女儿这一代，全反了过来。结婚时若还是处女，会被羞辱，讥笑。人们将性生活做为一种娱乐对待，使人陷入罪里。堕胎没有时间上的限制，就是在活生生的杀害无辜的生命。

人一旦开始乱淫，撒旦的邪灵就进到人里，控制你。政府支持堕胎，就在为撒旦的邪灵开门。政府鼓励堕胎，就是在允许人随随便便的杀害无辜的生命，这和耶洗别用婴孩做祭物献给巴力如出一撤。

同性恋合法更是乱来。怎么突然会有如此之多的男人被造错，放入到女人的身体里？反之？因为政府鼓励邪恶，撒旦的邪灵涌入脆弱的人。将很羞辱的不可启齿的事，竟列入宪法，得到保护，这是什么文明？我们很快就不再知道什么是男人，什么是女人，什么是夫妻！这个世界真是到了尽头！要知道，早在创世记的年代，因同性恋恶行在所多玛城猖獗，神用硫磺与火灭了那城 [创世记 19:24-25]。若同性恋在这个地球上猖獗，所多玛就成了引子。宣布同性恋婚姻合法化的国家已有 26 个。地球正在变成一座大所多玛。接下来会是什么结果？应该知道了。

因为边境没有墙，任何人可以非法随意进入美国，造成美国多方面的长期的大量的损失。有哪个国家或家庭会允许这样的事长期发生呢？你会敞开着家门，让外人天天来你家偷抢东西吗？当然不会！你会建一所结实的铁门保护你的安全和财产。那川普建立边境之墙是同一个道理。把国门大开，大量的没有审核的罪犯涌入，破坏国家，加速美国基督文化快速的瓦解。民主党大量引入非法移民当铁杆选民，成为一党独裁。

左派们支持倡导的全球化，全球统一（globalization）。在经济方面，全球化最大受益者集中在特殊利益方。对真正的贫困国家，就是雪上加霜。更甚的是，全球统一对大多数的国家和文化是一种严重的威胁；是让人类快速灭亡的有力手段。将全世界绑在一起，成为一个系统，很危险。妥妥的又回到了创世记的巴别塔时代。全球统一是要制造一庞大帝国，罪恶会因着合一而迅速滔天。

当人的傲慢和自以为是大大的膨胀，他肯定要把自己高举，远离神，才能视已为最高，为所欲为。接下来必然是罪恶滔天，然后就是毁灭。看看人类的历史，各国的国王史，多少朝多少代，一直在反复的重演着同样的把戏。人的罪性和肉体的软弱，加之撒旦的引诱，使人脱不了这个恶性循环。

神把人类分散，建立列国多民族多语言，使得这一群群傲慢人的民族／国家之间互相限制制约。试想，如果希特勒得逞控制了全世界，会是什么样子？人不再有自由，人变成只有恐惧害怕，面无表情，盲目的一群机器人；每个人的一切包括信仰将由一小撮狂妄分子控制。全球統一将会使小说《1984》所描叙的恐怖故事成为真实。神不仅给了人巨大的潜能（因是按神的形象所造），神更是赐与人有自由选择的意志。而全球化的终极目标是扼杀神赐与人的尊严，能力，和自由选择的意志。

以色列和美国这二个国家有相似性吗？有的，他们在建国时，敬畏神，尊神为大，得到神丰富的祝福。很快，他们成了当时世上最富有的国家。以色列于公元前 1020 年在耶路撒冷立国。因大卫王和早期的所罗门王敬畏神，行正道，神大大的祝福他们。很快就成了当时极富的国。然后，傲慢和自以为是就大大的膨胀，接位的王开始悖逆神，选择邪恶，最后自取灭亡，被万国抛来抛去。

再看美国，公元 1620 年，一批虔诚的基督教徒搭乘五月花号，离开英国到美州新大陆，建立了以基督教为治国基础的美国。国父们敬畏神，美国大蒙祝福，成为超级强国，世人所向往之地。在二战中，美国为世界和平英勇奋战；二战后又慷慨无私的帮助了许多国家致富。强大了，人就傲慢了，要撇开离弃神。1962 年，美国最高法院判决在公立学校举行祷告和学习圣经违宪，公开抛弃神。进化论取代创造论，创造论被禁止在课堂授课。十诫被法院抛弃；神禁止的同性恋成为美国法律受到保护；堕胎，淫乱，校园枪杀事件自 1962 年后猛升……。美国在不断的反叛神的律法，将道德的底线不断的降低。邪恶的事从美国迅速传向全球。

在这个时候，川普，一位勇敢的商人上台了。看看他就职后 2017 一年里所做的事，太鼓舞人心了。

川普总统以他长期养成的商人务实、互惠，雷厉风行的风格，正排除万难，努力在落实自己竞选时的每一个承诺。做为总统，他受到的骚扰和打击迫害是前所未有的。

地上的一切都赤裸裸的呈现在神的眼目！世界已行使到了历史的最后一章。圣经里有 1817 个预言，至今，96.2%的预言已完全应验，余下的 3.8%是对末世的预言，正在进行中，一定会被应验！今天还是风调雨顺，明天就可以是暴风骤雨。

有人说，人是需要信仰，但不一定非要信基督啊？可是，只有基督是真神啊。有哪个神，哪门经文，像圣经一样，有一千多预言被应验呢？况且，大家也有目共睹信基督和信宗教的差别：信佛的，信伊斯兰教的国家是什么样？信基督的国家，有做人的应有的尊严和法律保护。普通老百姓，人民的素质和生活质量也普遍的高。目前美国的腐败，西方基督教国家的腐败，就是因为他们不再虔诚的，诚实的信仰基督，不敬畏神。这真的是很快的，几十年就可以从一个超级文明大国变成一个负债累累的乱国。川普总统必须带领美国重回基督信仰，这是唯一的出路。

~2017.12~

川普和拜登
Trump vs Biden (2020)

　　美国公民左手有枪杆子（拥枪自由），右手有笔杆子（言论自由），还握着一张决定谁当老板的选票！俩位老头，一位使出浑身解数，另一位躺平式，向公民求票，角逐世界最高权力。这张票决定着自己，国家，世界的走势和命运，压力山大啊。往年选 A 还是 B，真弄不清，咱为了不添乱，就放弃投票，让那些明白的人去决定吧。 自从川普进来以后就大不一样了。你想做个懒人吃福利，再来点打砸抢，投 B。你若想遵纪守法勤劳致富，投T。太泾渭分明了。基本上是你的价值取向。

　　有些普通老百姓，被一些假象蒙骗，被一些个案误导，被媒体洗脑，被川普的性格和大嘴激怒，而误判，当上了不利己更不利国的左派的票客。拜老师讲话都很政治正确的，要联合全美国人民战胜困难。这分明是假话。川总爱吹牛，但不讲假话，他才不去联合谁，他要把左右分清。如果你读过圣经你就明白，神从来都是把事和人分得清清楚楚：白天和黑夜，男人和女人，右和左，正义和邪恶，天堂和地狱，爱耶稣的和不爱耶稣的，一点不含糊，一点不混合。川总要分，拜老师要混，混合成阴阳怪气男女不分同厕同室，你喜欢分还是混？

主耶稣为我们被钉十字架时，左边一个罪人，右边一个罪人，得救的是哪个？是右边的！将来天堂里肯定多是右派。圣经里右，代表力量，正义，能力。我们的右手比左手强大多少？（极少数左撇子除外）。共和党，右派，爱神的多。看看共和党那几名大将，一身正气！民主党，左派，为了几张选票就一呼噜的跪下了！那几位头面人物，阴森森的，一肚子坏水，老在装"圣母婊"，假惺惺的黑人贵，实质上却在残害老实贫穷的广大黑人兄弟。

　　相从心生，今年就是看脸相投票都不会错啊。这次投票是你人生最重要的一次选择，请慎重多思，做点研究，不要被CNN之流骗了，他们超毒。富豪捐巨款给瞌睡爷和凶恨的贺姐，想想都有猫腻，对吗？拜老师是为巨富和极左当权派服务的（拿了人的钱就得被人使唤），但必须利用福利来圈养麻痹贫下中农以得选票。川总才是为你我众生服务的。每年拿＄1工资，白天黑夜的干活，战绩累累无人报道，只好自己推特。从2015宣布竟选第一天至今，承受着各路人马的追杀陷害。74岁染上病毒居然转身又上战场。你不佩服他吗？还要辱骂他吗？他知道那些巨富和左派的丑恶名堂，只有他这种性格的斗士才能 smash 那些坏蛋。他在拚老命的帮你，你却要将他 vote out? Hope not！

　　正义必胜邪恶！

　　川总加油💪神佑🙏。

~2020.10.14~

第 47 届 USA 总统
The 47th USA President
（2024）

离 2024 选举只有 21 天了！

美国的第 47 届总统非 Trump 莫属。

Trump 本来是 45，46 连任的。但剧情突变，46 选举被民主党偷了，铁证如山！奇怪的是，所有的法院都不受理，包括最高院。 川爷及川粉气的半死也没辙。守规矩的老实人斗不过流氓，只能靠法治，可人家不治。别看川爷的表面，讲话直直冲冲的得罪很多人。他其实是一个很小心守法律的厚道人。

川爷这几年受的冤屈、陷害，破坏，打击，那是无人可比，不是常人能承受的。他们肆意的欺负他，没有底线，但一直宣传他是个独裁希特勒。没脑子的有脑子的都还信了，骂声一片。还在当总统时，他的推特号就被封了，这叫禁言。还独裁希特勒呢，自己的小推号都保不住！然后是打了个电话给泽连斯基，莫名奇妙的民主党就上演了弹劾大戏；J6 案又再演第二次弹劾大戏，人家都已经卸任了还弹劾，小孩做家家都不这样玩的。联邦调查局又搞偷袭抄家，可能想找什么吧。接着又编演了一大堆财务欺诈案，强奸案，轰轰烈烈的，搞得川爷进进出出上法庭，脸色铁青，当然都没搞成，本来就没有的事。没办法，只好上了最后的菜，刺杀。差几毫米击中头，好吓人啊！失败再来第二次，又失败。神护着的人，怎么也害不成的。最好别闹了，我们都快受不了啦。

被民主党这样的闹腾了几年，现在终于明白了，为什么神会允许这样的美国选举大窃发生。讲简单点，是与数字有关。

在圣经中，数字不仅仅是数字，他们代表着更高的、神圣的力量。

数字4代表earth。一年四季。数字5是恩典。Trump能当上45届总统就是神的恩典。45届总统期满有神的恩典，全世界平安无战，安居乐业。数字6是代表人，666就是一个例子。第46届是完全没有神恩典的，被人控制的。这世界乱的，男女不分了，兄弟打兄弟，经济快奔溃了，国家无门随便进，进来罪犯，破坏国家，却被养着，为民主党投票。当权人撒慌到了黑讲成白的地步，为己谋利。从选票到便利店，盗窃没有后果。民主党总统候选人也不用竟选了直接指定哈哈大傻姐，乱七八糟，无法无天。这就是46。

而数字7是最 powerful and holy number，意喻完成 completion 和 spiritual perfection。7 也是一个周期完成的数，比如，一周7天 cycle，7个音符 cycle，所有动物和人的妊娠期全是 x 7. 意表 completion and perfection，我们被造本是

完美的。(mouse 3x7, rat 4x7, cat 8x7, dog 9x7, lion 14x7, sheep 21x7, human 40x7)。

那美国的第 47 届总统，不得了，那是要吹 Trumpet 的。还有谁的名字比 Trump 更 Trumpet？没有品德的哈哈傀儡不可能占有 47 这神圣的名号。

吹 Trumpet，在圣经中有非常重要的意义。**Psalm 98:6**, "With trumpets and the blast of the ram's horn—shout for joy before the Lord, the King."

耶稣再次回地上来做万王之王，吹 Trumpet。

"Because you have heard, O my soul, the sound of the trumpet, the alarm of war"【Jeremiah 4:19】

"Then he who hears the sound of the trumpet and does not take warning, and a sword comes and takes him away . . . But had he taken warning, he would have delivered his life"【Ezekiel 33:4-5】

吹 Trumpet 是警告，警告战争的到来，做好准备。

犹太人在安息日到来之前是要吹 Trumpet，警告人们，听到 Trumpet，就赶紧回家，预备过安息日。

如果神用他的仆人 Trump 做美国最后一届总统，用 Trumpet 来做警告，【启示录】里的预言即将发生，是完全可能的，时间上也是吻合的。也可能是用 Trumpet 警告世人，安息年快到了。我们已经过了六千年，马上进入千禧年了。预备好了吗？

Trump 出生于 1946 年 6 月 14 日。2017 年 1 月 20 日宣誓总统就职，他刚好是 70 岁 7 个月零 7 天。他不当这 47 届的总统，还真不行。数字明明白白的摆在这里，神选之人。

神用祂忠实的仆人建造了美国，也必将用祂忠实的仆人完成美国。一个圆满的 cycle。Trumpet!

神允许 46 的选举大窃发生，让我们看看清楚人（6）可以 sin 腐败到什么程度。真的长见识啊！这帮子人胆儿也忒大了。不认识神的人犯起罪来真的是涛天！

我们来美国留学，移民。这个国家给了我们如此之多。我们能为她做点什么？我们唯一能做的也只能是将我们手上那张神圣的选票投给神的仆人，让他带领我们，带领全世界人民认识耶稣，回归，悔改，走出困境，进入新天新地。

愿神的荣光重回美国。

TRUMPETS ！

~2024.10.15~

人的自然本性 (人性)
Human nature

节选，译自 [The imitation of Christ] [模仿基督] 作者: Thomas a Kempis 出版于 1940 年. 次序有移动.

Pay careful attention to the movements of nature and grace, for they move in very contrary and subtle ways, and can scarcely be distinguished by anyone except a man who is spiritual and inwardly enlightened.

对分辨是人的自然本性还是恩典要非常小心谨慎，因为它们虽有恰恰相反的特征却又是很微妙，除非是灵性已开的人，一般人极难区分。

人的自然本性（简称人性）

Human Nature

All men desire and strive for what is good in their words and deeds. For this reason, the appearance of GOOD deceives many.

每个人都渴望并竭力去做世人认可的好言行。因为这个原因，好言行的幌子欺骗了许多人。

Nature is crafty and attracts many, ensnaring and deceiving them while ever seeking itself.

人性是狡猾的，它吸引着成千上万的人在寻求自我的同时被迷惑，受欺骗。

Nature is not willing to die, or to be kept down, or to be overcome. It desires to rule over others, wishes to use its own liberty, and hates to be held under discipline.

人性是怕死的，不情愿被压低或被征服。它渴望统治他人，希望施展自己的自由和自主，讨厌受到约束。

Nature works for its own interest and looks to the profit it can reap from another.

人性为自己的利益而努力，并期待不断获取利润。

Nature fears shame and contempt.

人性害怕羞辱和蔑视。

Nature loves ease and physical rest.

人性喜好安逸和体力的休息。

Nature seeks to possess what is rare and beautiful, abhorring things that are cheap and coarse.

人性寻求拥有罕见和美丽的东西，讨厌廉价而粗糙的东西。

Nature has regard for temporal wealth and rejoices in earthly gains. It is sad over a loss and irritated by a slight, injurious word.

人性重视此身的财富，并欣喜在这世上可见到的收获。对于物资的损失，它会悲伤。对他人一个轻微而有害的词，它会被激怒。

Nature is covetous and receives more willingly than it gives. It loves to have its own private possessions.

人性会嫉妒垂涎他人所有，乐于受而不愿给。它喜好拥有自己的私人财产。

Nature is inclined toward creatures, toward its own flesh, toward vanities, toward running about.

人性珍爱各种活物，自身身体和虚荣心，也喜爱忙忙碌碌。

Nature likes to have external comfort and take sentential delight.

人性喜欢使身体获得舒适感并享受感观上的愉悦。

Nature does everything for its own gain and interest. It can do nothing without pay and hopes for its good deeds to receive else praise and favor. it is very desirous of having its deeds and gifts highly regarded.

人性所做的一切都是为了自己的兴趣和利益。当既没有报酬，也无希望为它的善行得到他人的赞扬和青睐，那它就彻底的无能为力了。它非常希望其行为和才能得到高度重视。

Nature rejoices in many friends and kinsfolk, glories in noble position and birth, fawns on the powerful, flatters the rich, applauds those who are like itself.

人性很高兴有许多朋友和亲戚，享受有高贵地位和出生的荣耀，讨好有势力的人，奉承有钱的人，赞同与自己相似的人。

Nature is quick to complain of need and trouble.

人性对自身的需要和遇到的麻烦会立即的抱怨。

Nature turns all things back to itself. It fights and argues for self. It prefers its own opinion to the opinion of others. It is arrogant or presumptuous, and contentious.

人性将万物归还给自己。它为自己而战，为自己辩护。它喜欢自己的观点而不是他人的。它是傲慢自大的，喜好争议的。

Nature has a relish for knowing secrets and hearing news. It wishes to appear abroad and to have many sense experiences. It wishes to be known and to do things for which it will be praised and admired.

人性对探知别人的秘密和听新闻津津乐道。它希望畅游列国并获有很多感官体验。它希望被人们知道，并做一些被人称赞和钦佩的事情。

评议：

人的自然本性，是与生俱来的本性，有严重的罪性。人的痛苦和世界的动乱，都是因为人本性的问题。与 nature 去抗争，赢不了它。对有些本性，应该尊重它。比如，它害怕羞辱，我们就应该保护人的隐私；它喜好安逸，我们就不该用社会福利养着有能力劳动的人，而是提供工作；它会悲伤于物资的损失，我们就必须买卖公平，不许欺骗，并有私人财产保护法；没有报酬，它就彻底的无力，所以不能吃'大锅饭'，那样，会集体饿死；没有赞扬，它也无力，所以，雷锋叔叔做好事写日记是完全符合人性的；它高兴有许多朋友和亲戚，因此，人爱扎堆，也会常常开 party。冠状病毒隔离在家是孤寂的，有人已进入抑郁；它赞同与自己相似的人，所以物以类聚，人以群分；它喜欢使身体获得舒适感，所以按摩店就遍地开花；它爱抱怨，那各种申诉渠道都是有的；它会被一个轻微而有害的词激怒，所以我们讲话要额外小心，能做好这一点，家庭世界都会和平美好；它喜好争议，又只爱自己的观点，还傲慢，因此，在与人争论时，无须生气。制定游戏规则的人请千万，一定，要懂透它 — 人的自然本性，才有可能富国强民。

人自己不可能战胜自己，无论你如何拼命努力。就如同一个孩子掉在深深的黑洞里，必须有一个比孩子大的力量救他出来。世人就是那个掉在黑洞里的孩子。恩典就是救我们出黑洞的力量。恩典是神给人的最珍贵的礼物。

下一篇：恩典

~2020.4~

恩典
Grace

Grace walks in simplicity, turns away from all appearance of evil, offers no deceits, and does all purely for God in whom she rests as her last end.

恩典单纯朴实，远离一切邪恶，不具备任何欺骗手段，她的一切所作全然为主，因那是她歇世后将安然享受的父家。

Grace resists sensuality, seeks to be in subjection, and does not desire to rule over anyone, but wishes rather to live under God for Whose sake she is willing to bow humbly to every human creature.

恩典抵抗感官享受，拒绝淫荡，愿意服从，没有控制他人的欲望，而愿活在上帝之下，为主，她心甘情愿谦卑的伺候每一位人。

Grace does not consider what is useful and advantageous to herself, but rather what is profitable to many. Grace faithfully attributes all honor and glory to God.

恩典不会考虑什么对自己有用和有利，而是什么对其他人有利。恩典忠实的将所有荣誉和荣耀归于上帝。

Grace cannot bear to be idle and embraces labor willingly.

恩典不堪忍受闲散，乐于做工。

Grace delights in simple, humble things, not despising those that are rough, nor refusing to be clothed in old garments.

恩典喜爱简单朴实的事物，不鄙视粗糙廉价之物，也不拒绝着装老旧。（译者注：那个年代着装是身份地位的标记）

Grace looks to eternal things and does not cling to those which are temporal, being neither disturbed at loss nor angered by hard words, because she has placed her treasure and joy in heaven where nothing is lost.

恩典看重永恒的事物，不执爱短暂的事物，既不会因失去财产，头衔，名声而心烦意乱，也不会因他人的恶语重伤而愤怒，因为她只定晴于可存积天堂的永恒财宝和欢乐。

Grace is kind and open-hearted. Grace shuns private interest, is contented with little, and judges it more blessed to give than to receive.

恩典善良而豁达。恩典避讳私人利益，极易满足，并且认定给予比接受更蒙福。

Grace draws near to God and to virtue, hates the desire of the flesh, restrains her wanderings and blushes at being seen in public.

恩典被上帝和美德所吸引,讨厌人本性的欲望,克制毫无目的的闲游,并羞于抛头露面。

Grace seeks consolation only in God, to find her delight in the highest good, above all visible things.

恩典只在天父处寻求安慰,在那至高至善,人眼不可见的完美之处,她得着喜悦。

Grace loves even her enemies and is not puffed up at having many friends. she does not think highly of either position or birth unless there is also virtue there. she favors the poor in preference to the rich. she sympathizes with the innocent rather with the powerful. she rejoices with the true man rather than with the deceitful, and is always exhorting the good to strive for better gifts, to become like the son of God by practicing the virtues.

恩典甚至爱她的敌人,也不会因为拥有许多朋友而张狂。她不看重人的权位或出生,除非那里也有美德。她优先穷人而不是富人,她同情无辜而不是权势。她为真男人而不是欺骗者欢欣鼓舞,并总在鞭策励行良善,磨练实践美德,以结出更好的果实而成为神儿子的样式。

Grace brings all things back to God in Whom they have their source. To herself she ascribes no good, but in every matter of sense and thought submits herself to eternal wisdom and the divine judgement.

恩典将万物归还给神,因万物本源于神。她知道自己本性有恶,因此她在每件事上的心思意念都服从于那有永恒智慧的神灵的判断。

Grace does not care to hear news or curious matters, because all this arises from the old corruption of man, since there is nothing new, nothing lasting on earth.

恩典不在乎听到新闻或好奇的事情,因它们都源于败坏的人类。世上没有新鲜事,也无事能恒久。

Grace teaches, therefore, restraint of the senses, avoidance of vain self-satisfaction and show, the humble hiding of deeds worthy of praise and admiration, and the seeking in every thing and in every knowledge the fruit of usefulness, the praise and honor of God. She will not have herself or hers exalted, but desires that God Who bestows all simply out of love should be blessed in His gifts。

因此，恩典教导人们克制本能的感性，避免徒劳的自我满足和显摆，谦虚地掩饰值得赞美和钦佩的行为，在每件事和每个认知中寻求结出益人的果子，赞美和荣耀神。她不会高举自己或自己所得成就，而是渴望将祝福献给因爱而给人恩赐的天父。

Grace is a supernatural light, a certain special gift of God, the proper mark of the elect and the pledge of everlasting salvation. it raises man up from earthly things to love the things of heaven. it makes a spiritual man of a carnal man.

恩典是超自然的光芒，上帝的特殊礼物，选民的正确印记和永恒救赎的保证。恩典使凡人从尘世中提升，爱上天堂里才有的圣洁品德。它使一个肉欲的人成长为灵性的人。

The more, then, nature is held in check and conquered, the more grace is given. Every day the interior man is reformed by new visitations according to the image of God.

那么，人性越是被检查和战胜，恩典的给予就越多。每一天，依照上帝的形像，我们里面的那个人在不断的更新改进。

评点：

恩典的美源于上帝，所以是那么的圣洁美丽！主耶稣就是完美恩典的榜样，让我们去模仿。人可以做到吗？【宣教士】一文，简叙了恩典光照的神的仆人，他们抛弃西方的优越生活和地位，以孤苦，磨难，和生命的代价将天父的爱传入中国。神爱中国，才会呼召祂的极优秀的仆人远赴中国。早在2650BC，神让仓颉造中国字时，神就已将天国的真理赐给了汉字。中国历经磨难，神从未放弃，因有属祂的子民在那里。神是世人的神，与国度无关，天父对人的爱，人不明白。一旦明白，你就会惊叹那海阔高深的爱是人间没有的。神的恩典白白的赐给每一位世人，你愿意接受就是你的。

如果我们活在世上，不认识神，那就是'茫'然：草字头预示人活得像草一样，流着泪（三点水)，死（亡）。

【凡有血氣的盡都如草，他的美容都像野地的花。 草必枯乾，花必凋殘.....】以賽亞書 40:6

~2020.4~

1D，2D, 3D 和 ND 多维
1D,2D,3D, and multidimensional

现代中国虽是无神论的国家，但在古时候，中国人是信神的。比如周朝，那个周王是很虔诚的，他的王朝持续有800年，是中国历史上最长的朝代。伏羲氏的八卦阴阳，继后周王完成的【周易】，老子的【道德经】，还有预言书等等，绝对是有supernature启示的。耶和华神直接启示人写的书是【圣经】，世上的其他神书可能是由天使间接启示，借人手而成。比如音乐神人莫扎特，4岁做曲，他早年和晚年做的曲基本一样，总是一气呵成，不用改动，不存在反复练习去提高。他说他脑子里能听到，写下来就好。 这就是天才，神赐的礼物。 天使唱给他，他能用脑'听'到。我们凡人当然是用耳听。音乐可以把人带入那种圣洁的境地，这是语言没有的功力。音乐是奇特的语言，只7个音符，却造出无止无境的乐 (yeu) 带给人乐 (le)，中文的 music 和 happy 是用的同一个字——乐。音乐=快乐。

那神灵如何启示人？很多人应该有灵感的体会。比如写文章，灵感一来，下笔如神了，自己也讲不清楚，怎么会写得那么爽。 做创作的人都必须有灵感的。人按照神的形象被造，有灵，人和神的差别却是地和天的遥远。

用这个来比喻一下。

一条直线是一维度。一个平面是二维度。从一维度进到二维度，那就是巨大的升华。因为一条直线什么也不是，但一个平面可以是一幅画，一个手机屏/TV 屏，等等。从二维度 2D 进到三维度 3D，就是我们所在的三维空间，则是一个地一个天的升华。

话说有一对夫妻，活在二维世界，他俩充其量也就只能在画里对看。另一对夫妻，活在三维空间，他们游山玩水，美味佳肴，制造 baby... 哇塞，他们想告诉二维度那二人，你们来这边啊！可是，他们看不见 3D 世界，也听不到，更没能力懂 3D 的事。

现在我们要从三维进入高维，没去过，不敢乱说。但按逻辑推理，每一个维度的推进，是从苍白进入豪华，并且，每一次维度的跨越，升华度也超越提升，越往后效力越大。梦有点像在高维，梦里没有时间和空间的限制。黄粱一梦，你在梦里可以见到死去的人，远方的人，飞云驾雾，什么都可以。圣经说："神为爱祂的人所预备的，是眼睛未曾看见，耳朵未曾听见，人心未曾想到的。" 神还能怎么说呢？差不多就像 2D 里的人听不懂 3D 里的人一个道理。

在高维世界里，不再是物质世界，是纯意识世界，灵的世界。没有了这个私欲的肉体和缠身的疾病。不再有时间，所以一切是永恒。高维可以看到低维，如同 3D 的人能看到 2D 的人，而不是反之。灵界的神，天使们，都可以看到我们，但我们全然不知祂们。神拣选了莫扎特让他谱曲，那还不容易，让天使往他脑子里放音乐就好。3D 里所有发生的事，高维里的神都能控制。基督徒求神听他们的祷告就是这个道理。我的理解是，神已为这世界定了 Law，你种什么，就收什么。神给人自由。 你乱吃乱喝，肯定得一身病，你 24 小时祷告也没用，这是 Law。 与神的救恩有关，神会管的， 会干预的。看看犹太人的历史，神一直在管教他们！地上发生的事，神容许它的发生，自有神的道理。如果神不容许，我们一根头发都不会掉（圣经说的）。要知道，神在乎的是永恒的生命，不是这个只能用几十年的肉体。造肉身的目的就是为了人的真生命能 提升进入高维的父家。神对世人的一切干扰管教，都是将我们引向耶稣，使我们的灵得救。一个在低级 3D 维度里的，不吃饭就会晕倒的人，骄傲的呼喊人定胜天，那只是哄哄自己而已。

为什么只有耶稣能拯救我们？

回答这个问题的文章是铺天盖地的。我在这里用自己的理解简叙一下。

神是因爱而造了亚当，夏娃及经他们而出的人类。神造人是按着神自己的形象造的。这就告诉了我们，人将来在神的国里比其他受造物优越，地位更高，并有荣耀尊贵。但人有与生俱来的原罪，每个人都一样，没有办法见到公义圣洁的神。为救人回神的国，神差派祂的独生子耶稣下到 3D 地球，道成肉身，使必须眼见为实的人看见真神，也使信祂的人有榜样模仿。主来的唯一目的，是来担当人的罪所该得的死，无罪的羔羊做了你我的替罪羊，死在了十字架上，完成了神的公义审判。使你我能来到神的面前，与神和好，得享永生。

主耶稣来世以后，人类进入恩典时代。主的血/救恩白白赐给信祂的人。这是万军之耶和华神儿子的宝血，人若是轻看，神必审判。人若信耶稣，就必得救。"我是生命的主，信我的得永生"。什么条件都没有，只要信，就这么简单。宗教都极为复杂，因为是人为！他们会制定上一大本规矩，不能吃这又不能穿那，每天要磕头几次，朝哪个方向……。人是主造的，当然只有主能救你。来救你，主伸手给你，你不伸手，那就只能待在黑洞里。其实真还不是黑洞，是地狱。

一旦你真心信了耶稣，恩典之手将长长的伸给你，恩典之雨露将为你洒下。你会勇敢的背起你的十字架，因为你爱耶稣！你里面会慢慢的一天天更新，腐败的肮脏的人性将被耶稣的圣洁恩典逐渐的慢慢的清洗，平安和盼望会降临。因为你确信，等待你的不是那深深的黑洞，而是那高维世界里永恒的美好。你在地上的一切苦难或者荣华富贵，都是那样的微不足道，不足挂齿。2D 里的夫妻进了 3D，他们能留恋 2D 里的什么呢？每天傻傻的对看？3D 里的人进了高维，你会留恋 3D 里的什么呢？嫉妒愁苦担忧病痛，还是你争我夺？

莫扎特曾经写道,"我感谢神赐给我机会,认识死亡是开启幸福之门的关键"。他虽然只在 3D 世界活了 35 年,那又如何呢?

末世的日子正滚滚而来,世界正朝着圣经里神的话语一步步走进尾声。天父在呼唤祂的儿女,仔细听,用你的心。

~2020.4~

时间与永生
Time and eternity

时间只会往前走，不会倒退。判断时间是靠自然的周期 (natural cycle)。

在 [创世记] 里，神造万物，用太阳和月亮为这个地球标记好了季节，年代，和时间。但衡量时间往前走的唯一标准，则是有生命的物质会老化，腐烂。一根青香蕉放在桌上，过了俩天，变成黄色；过了5天，变成黑色，最后腐烂掉。从青涩到腐烂，看到了时间在往前走。

同样，从婴儿到上大学，你看着孩子天天长大，也看到时间在走，走得飞快。从1岁到18岁，不会倒回，直往前。但在意识里，是可以倒回的，没有时间的。你可以想孩子3岁时的事，或18岁，随意切换。

当所有有生命的物质被废除的时刻，时间的使命就结束了，这个世界也就结束了。

在新世界里，会腐败的生物体不会再有，人会被神复活为灵体，仍然保持我们的外貌和意识。第一位从肉身复活的是耶稣。圣经里有详细的描述，复活后的耶稣是什么样子。接下来被复活的是耶稣的门徒。因无肉体，人不可能再老化，时间不再往前走。所以，是永生。耶稣说，信我的必得永生，就是这个意思。

无肉体的人是极快乐的，因为肉身带给人的罪性和疾病都没了，人的各种为生存而有的私欲也都消失。我们现在虽没办法体验，至少，大家共识的是，真正的快乐是来自精神而不是物质。比如说俩个年轻人一见钟情的那一天，那种快乐是物质能比的吗？神还是给了我们一小点窥视。

~2016.1~

如何判断生命的价值？

How to evaluate the value of life?

看死后的用处来判断是最容易的。

一头猪死了，全身都是宝。肉可吃，皮可做包。这个生命的价值是身体。要把它养得肥肥的才有好价。

一个人死了，那身体有个难听的名字，叫做尸体。必须烧了埋了。

所以，人的价值肯定不是身体。

那是什么呢？

是装在身体里面的灵。

人死的时候，这个灵就离开了身体，去了他该去的地方。而无灵的身体就成了尸体。没有一点用处。

人死，只是身体的死。如果灵是主宰我们的，灵不死，人也就没有死。

活着的时候要让身体好好为灵服务，使灵越来越美。那个漂亮的灵，在一个不可朽坏的荣耀的新体里，还要永远的用着。将来很多人肯定想回到这个有身体装着灵，还可修灵的年代，将灵修好一点，再好一点，再走。可是，这个游戏规则不是这样的。给了 80-100 年的身体来修这个灵，时间上是够了的，非常够。

神从来是公平的。不公平的是人。

神的设计是最酷的，简直完美的不可想象。

~2016.1~

人生
Life

节选译自 [My dream is bigger than I: Memories of tomorrow]

作者：Akiane Kramarik

写这首诗的作者是个七岁的小女孩 名叫 Akiane。她在 8 岁的时候画了一幅著名的耶稣像【和平的君 Prince of Peace】。她是被天使吻过的女孩。

The first time I looked at myself was when I got burnt

我第一次面视自己是在我被烧伤的时候

The spirit sent me to wash myself

灵魂遣派我去清洗自己

So I could see her love grow the future of the beginning

由此我可能看到她的爱从开始滋生不断成长直到未来

Behind an injury is life

伤害的后面蕴藏着生命

We begin to heal only when we hurt

只有当我们受伤时我们才开始去医治

We begin to love when sunsets are born

当日落开启之时我们才开始相爱

Is God's road more narrow than our footprints？

难道神的道比我们的足迹还窄吗？

这首美丽的诗，带有神性的光辉，揭秘了人性的软弱。一个智者才有的领悟，在小姑娘笔下是那样的清新，温柔，诚实。

当夕阳西下的时候，我们才懂得要去相爱，悲伤吗？在一次重创的后面，却隐藏着生命，幸运吗？我们从不审视自己，直到被火烧着，可悲吗？ 生命里蕴含的设计，让有灵性的人寻觅。

然而，大多数的人，在重创之后，并没有寻找隐蔽的新生命，也没有使灵魂苏醒，更没有在灵里滋生出不断成长的爱，而是在怨天尤人的悲痛中重复着，重演着熟悉的故事。 一遍又一遍，直到生命的终结。

这是人性的悲哀。

这个重创，这个受伤，可能是神的美意，用来呼唤你的灵魂苏醒，让你去寻找那个永恒的生命，使你得医治。用中国人的老话，就是【人的尽头是神的开头】。

如果在重创的面前，你终于低下高傲的头， 放下顽固的自我，求神帮助，那就是【因祸得福】。所以不要轻易的浪费掉了这个受伤的发生。在悲哀之余，清洗自己。

难道是苦难才能带来智慧？ 当然不是。 苦难可以带来谦卑，带来思考和反省。

作者最后这样反问，【难道神的道比我们的足迹还窄吗？】

当然不是。 我们的足迹是何等的可怜，何等的狭隘， 何等的沉重。

求神怜悯！

~2021.3~

喜欢自己
Like yourself

喜欢自己,

才会有自信。

自信的人如同明媚的阳光,

快乐自己也温暖他人。

怎样才会喜欢自己呢?

有一颗感恩的心,

感谢生活中的每一件事,

好的或坏的, 小的或大的。

因为每件事里都有神的美意。

坏事是可以变成好事的。

停止抱怨,

停止自怜。

寻找神的美意。

得到平安。

待人诚实善良，

公平正义，

有自己的爱好和兴趣，

生活才会有热情和活力。

在犯错的人生旅程中不断地学习，

提升自己的灵性和智慧。

智慧超越了知识局限和个人经验，

与神的同在才可获得。

从而，有能力处理生命中所遇到的困难和灾难。

如此，这样，

你会活得豁达通透，

明白人生的意义。

~2017.5~

不爽喜欢谁？
Chasing away

人最难的事是认识自己，

被情绪蒙住眼。

可情绪是个好帮手，

不爽时是你最好的契机，

认识真实的你，潜意识深处的你。

当你不爽时你该关注，

你要逼自己审视内心，

捞出所有的脏物，

毫不留情！

千万忍住，别去找他人的错。

那是他的事，不是你的。

如此，这样，

不爽既然不太来访问你了。

因你浑身的正能量，

不爽喜欢负能量的人。

~2017.5~

小猫记事 – 梅林的小猫
Kitty Memoir: Maylynn's kitty

1. 梅林4岁时,她吵着要只猫。我们去附近的PAWS领回了一只小猫。这只小猫曾有6兄妹和妈咪,那家的房子被烧了,小猫被送来PAWS,让人领养。

2. 那天，工作人员把小猫从笼子里抱去一间房子，让我们见面。小猫勇敢的站在对面，像模特似的来回走猫步，不卑不坑，优雅礼貌，我们一见钟情。

3. 小猫一到家就玩起了'捉谜藏'，5分钟不到她就不见了。我们找啊找，终于，在洗衣房的柜顶上见到她露出的小头。她这么小怎么会跳那么高？不可思议！

4. 第2天，小猫又不见了。我带着俩孩子找遍了所有房间，都没有。会在哪里呢？

在床下？不在。

在TV后？没有。

在柜顶上？不对。

在毛毯里？空的。

小猫，你在哪里？

5．哈哈，她躲在了书房里摇椅下中间的小空格里。那里很暗，没发现她。寻找第２遍时，我们看到了一双圆圆的发光的绿眼睛。

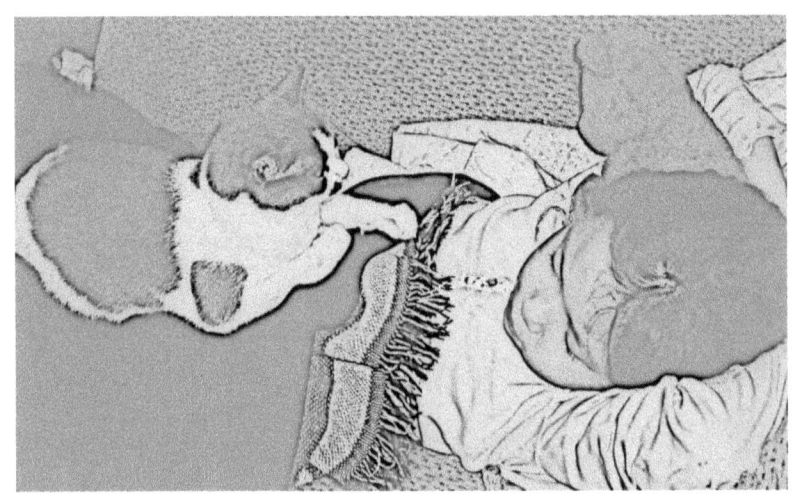

6．梅林的爸爸说，你们不要这样找她，她饿了就会出来吃东西。果真，她悄悄出来吃，吃完，烁，又不见了。真是个高手！

7．小猫折腾了整整一周'捉谜藏'，不再躲了。她和梅林成了好朋友，俩位形影不离。

8．晚上小猫跳到她床上，睡在她旁边，把脚牙子搭在梅林头上。

9．梅林午睡时她也守着。

10. 梅林当上了小猫的妈妈。每日给她盛水和食物。她说要给小猫取个最好的名字。

梅林喜欢谁，就给小猫那名字，一会儿 mulan, 一会儿 cinderella, 一会儿她这周最好的朋友，我们那里跟得上，就一直叫小猫(Kitty), 这便成了她的鼎鼎大名。一叫小猫，她就来了，纯纯的看着你，那神情就让你心动。回过头来寻思，起名字太重要了。这猫外表上自始至终没什么变化，实在是对得起她的芳名。

11. 为了当个好妈妈，梅林决定小猫生病了。她把小猫包了好几层毯子，自己也热的满头大汗，小猫任小妈妈摆弄，非常合作。要想做个好朋友，就得像小猫这样，让朋友高兴，自己受点委屈，都是很开心的。

12. 梅林上小学了。 小猫在家里睡大觉。当梅林放学的脚步声临近家门，小猫会突然从梦睡中抬头，果断的跳下她舒适的小窝，在门边等候。小妈妈进来自然是抱着又亲又吻，之

后，小猫就跟上梅林了，像只跟屁虫似的。

13. 梅林做作业她就盯着她看， 目不转睛的。我说，小猫，你这太影响她学习了，坐下去！

小猫很听话，就坐在边上陪着。 静静的，一点声响都没有。

14. 那一年，我们全家回大陆一个月。这是第一次离开小猫。小猫托付给邻居照顾。走时，小梅林是难分难舍的，小猫是稀里糊涂的。一个月后回家时我们都迫不急待见小猫。进门后叫她，'小猫，小猫。'她慢慢的走出来，把我们吓得半死。小猫已变成了肥猫，天啦，梅林都不敢抱她啦！

15. 我急急的跑去邻居家，问情况。邻居说他们这一个月一次都没见过她！到处找不着！但每天她都吃完了一大碗猫食，猫合子也有很多猫屎，估计她没事。然后说，我们给的碗太小，她吃不饱。我这下明白了，为什么美国人家里养的猫很胖。好啦，我们要开始给小猫减肥了！

16. 小肥猫见我们回来,高兴激动完了后就气愤起来。她是不明不白的被我们抛弃了一个月呢,况且,每日还要躲起来,怕被人拿走。好委屈啊。小猫一整日绕着我们带回家的箱子转圈,一边转,一边吼叫"喵!喵!喵!"。正经的示威游行呢!

到了下午,她的声音已嘶哑,"喵"变成了"呀",但仍不停歇。我们笑她,说:"小猫,

你也示威游行一整天,够了!你长肉了,也长脾气了啊。你要学习长大,自己管自己。因为我们还会要出去的。"她终于停了,留下一脸深思的样子。

17. 小肥猫开始了减肥。她一天又只吃一小碗了,慢慢的,她又回到了苗条端庄优雅妩媚,健康敏捷的小美美了。减肥其实很简单:

家里不能有任何可吃的东西,每日让人给你定时送限量健康三餐。绝对成功!

18. 此后,她一看到我们清理箱子,就很警惕,大难临头似的。我们开始出去3天5天的,她慢慢的适应了。知道独处是生活的必须。后来,自己可以悠悠的独处一个月,我们回家她也不惊不咋的,保持体重平稳。

19. 小猫吃饭时是不喜欢人看的。如果看她,她就把屁股对着,让我们看不到。她一天吃多次,少吃多餐的典范。有次忘了买猫食,她饿了一天。当猫食来时,她先闻闻,不紧不慢,有条不乱的小口慢吃,像是一位特有教养的小公主。难怪是说狼吞虎咽呢,那种狼啊虎啊的吃法和小猫根本不搭界。小猫对自己的形象是极端的在乎,优雅是她的冠冕,美是她存在的目的,饿晕了还是要保持姿势的。

20. 小猫特爱干净,整天的在清理自己。她不能容忍毛发的丝毫混乱。把毛理得亮亮光光,一丝不乱。她的合子若是清理达不到她的标准,她就不用,而在房里找个脚落,在地毯上拉大便。

21. 为此,我骂她好多次,无效。让梅林教育她,梅林抱着她看地毯的破坏,和她轻声细语。小猫软硬不吃,仍我行我素。看来,小猫是不会将就的。我们只好每天认真清理,不敢有半点马虎。

22. 小猫谈过一次男朋友。是邻居家的小黄。小黄带着小猫从车库门偷跑出去约会,到傍晚才回家。从那以后,我们的小猫就不再搭理小黄啦。我们猜是性格不合。 小黄爱冒险,猫身豹胆，胆大包天，老是在外面转悠。我们的小猫是站在门外边就开始发抖的那种家居猫。能和小黄出去半天那真是爱情的力量。

小黄不放弃，每天来我家蹲在窗外等候。小黄死守在窗外，日日如此。

小猫在窗内待着，不动，没有任何感动。一幅宁缺勿滥的姿态。我们批评她，说她太傲气了。她不爱听，圈成一圈就呼呼大睡去了。一睡百事平。

23. 小黄坚守了好几周，终于放弃了，不再来。小猫反倒是站在窗前眺望。一站好几小时又让我们心疼。她不会是抑郁了吧？梅林说，她不是等小黄，是看外面的风景和小鸟！这样想，我们也宽心了，梅林是最懂她的。我们总爱瞎操心。

24. 梅林读书时，小猫就凑在边上很认真的盯着书看，聚精会神的样子真的以假乱真。梅林玩 iphone，她眼珠还跟着图转悠。

25. 小猫胆子太小，一听到门铃声甚至生人的脚步声，她'烁'就躲了。我们说，小猫，你可是老虎的表妹，要有点老虎的气派。经过反复的训练，听到门铃响，她从躲沙发后，到站在楼上观望，到最后敢面视大门，看是谁来了。勇敢是练出来的。

26. 我们家有只很大的金鱼缸,里面悠悠的游着几只美丽的金鱼。这几条鱼对小猫的诱惑还真不小。她从这一头绕到那一头,从上到下,从左到右,追敢他们,用爪子拍打玻璃缸,看到却抓不着。我们都急了,可她不急不气,几个回合败下来,她头也不回的走了。真的看不出来她是胜或败,得意或气馁。如此镇定自若,不纠结。她内心平静,绝对不折腾自己。

27. 小猫每天要视察家里楼上楼下的房间，要开许多的门。她每次用一只小爪开一小缝，绝对是比她身体要小的缝，然后从门缝里挤过去，无声无息的消失了。她真有当间谍的素质：无声，低调，耐心，信心强大，见机行事，反应神速，面不改色，迅速消失，成败无忧。

28. 小猫的爱好都是不耗钱的。她很爱锻炼，常常是晚餐后她会以百米冲刺的高速3秒冲上二楼，再俯冲下来，飞似的绕楼下一圈，再冲上去。速度之快，让我们看呆。问她，小猫，你这是发明的什么运动呢？狠练抓老鼠？可惜啊，这小猫一辈子都没见到过一只真老鼠。看这功夫已炉火纯青，很想把实验室的小鼠带回家让她实战一番。

29. 小猫的另一爱好是晒太阳。随太阳的移动,她会轮换着找到家里最好的阳光地断,摆好姿势,进行她的美容睡眠日光浴,尽情享受!

30. 小猫的美如同绚丽的花,多姿的树,那么自然,完美,天衣无缝。她随便一个猫姿,一个张望,就让我们心旷神仪。

"你为什么这么可爱?" 梅林总问她。神造了这样优美的动物来陪伴我们,真是感谢主!

31. 有一天,我们坐在沙发上,小猫想上来,居然蹦几次没蹦上沙发。这不对啊,她可是能蹦上 6 英尺高柜顶的。再看她走路,一拐一拐的。查看她的腿,好好的呀。什么情况?我们马上预约了看病。看小猫的医生是从斯里兰卡移民来的。他说他是抽中了绿卡奖全家移民美国,费了很大力气考过了行医执照。他看完,告之是小猫的屁股里长有一囊肿,感

 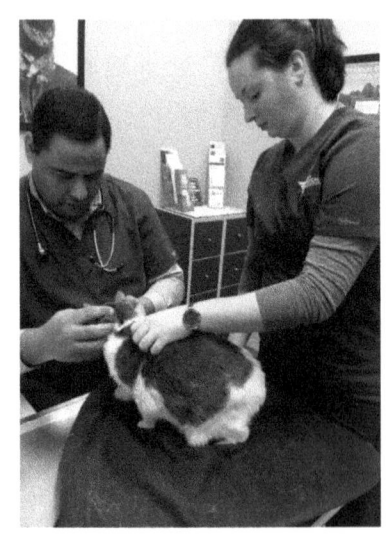

染了，要动手术引流，切除。接下来助理做血尿检查，办住院。小猫乖乖的，一点不闹，住进了她的'病房'。我们去看了一下，那病房很干净，也很安静。里面主要住着生病的狗和猫，都是要做手术的或术后观察的。小猫的'病房'是个大笼子，她住了2天，手术顺利，回家很快就又生龙活虎了。这是小猫第一次看病。

我感到带小猫看病和带孩子看病，没什么太大差别。也要填个表，姓名病史等等。然后坐在候庭里等。护士叫，小猫-，我们就提着小猫进了诊室。先是护士做前期检查，询问病史，然后医生来。医生看完病，和家长谈病情和治疗方案，回答所有问题，护士再进来，完成医嘱。给小猫抽血打针等等。一切井井有条，很顺利。梅林从头到尾陪着小猫，和她说话，要她别害怕。小猫乖乖的听着，非常的合作。

32. 梅林从一个爱猫的小毛孩长成一位优雅少女，要去外地读大学了。可小猫，外表几乎没变化。她俩一起长大有 14 年啊。小猫是否感觉她的使命已经完成？在梅林去上大学的同时，她也快快的突然就走了。小猫与我们的缘份，对梅林的深爱和陪伴，是前世注定吧！因为每一个被神所创造的生命，都有她的意义和使命。对小猫美好的记忆，总是带给我们温暖，使我们的心温柔。人在世上活一圈，不更是应该这样吗？当人们想起你，内心能涌上美好的回忆。而你自己，明白为什么而来到这个世界，价值和使命。14 年是短暂的却是永恒的。生命的意义从来不是用时间长短来衡量的。

33. 小猫不费吹灰之力就做到了人一生挣扎而不达的事：忠心耿耿的钟爱陪伴亲人，活在当下，单纯可爱，享受生活，不纠结，不干扰，在重要的原则问题上不妥协；爱美，终身苗条，优雅礼貌。

从小猫，我们看到神的美意。这是多么奇妙无比的创造啊。

~2018.10~

惊险而遗憾的徒步
A thrilling but regretful hiking

西雅图的 hiking trails 遍地都是，我因膝关节不太好，不爬山的。这到了 Zion，必须爬啊。

第一天，我们走 easy level 的 Riverside trail. 见很多人拿着"打狗棍"，一问，才知道他们要趟河水走(The narrows trail)一条狭窄河水道全程 25 公里。我们停在了 Riverside trail 的末端，看着带棍的人淌河水继续前行进入 (The narrows)。虽有点遗憾，但免了穿那不透气的鞋裤。

接下来，我们走了 Emerald pools 翡翠池路道。这时下午4点多，人己很少了，就我们俩在这天堂美景的山道上慢悠悠的逛，仿佛这儿是亚当和夏娃的伊甸园。天起了凉凉的微风，又似乎听到神在找人，"你在哪里？"偶尔有游人赶上来，把我从远古拽了回来。在深山见到人特高兴，互道问候，他们迅速的又把我们甩到老后，不见了人影！

这一条山路，秀美宁静，sweet and peaceful. 对不太老的老年人太合适了。

第二天，我们走上了著名的 angels Landing trail. 这条通向天使着落之地，险峻，幽深，神奇，很有诱惑力。自 2000 年以来，已有 13 人从此道摔下悬崖峭壁。这徒增了我的恐惧和对此道的兴奋。走上 trail 后，远远看到山腰里的人，像蚂蚁一样移动。我们降低目标，只去 Scout's lookout，不上顶峰，就不会掉进深谷。

一大早，我俩正儿八经的随 hikers 大步前行，老公背着水、食物等，我空手走。我们看到有人戴着吸氧的，后来才知道是吸水管，这样口渴不用卸下背包取水瓶。长知识了。

走到半山腰，一条小路，万丈深渊。老公恐高，决定撤退。我不甘心，决定独自前行。正往上小心翼翼的挪动，从上走下来一对中年夫妻，俩人像是坐公园里长椅似的坐在了崖边，腿悬在空中，准备对着美景吃中餐。

我佩服又惊吓，这是何种基因造的人！我停下来赞他们勇敢无畏，并告之有十三人已殉身此道。他俩大笑，男的说，除非你把我推下去，你会吗？我答，我够不到啊！我不能离开这岩石墙的。我们大笑。他们鼓励我，you can do it. 并说，你得做蠢事才会掉下去的。谢过他们，我来到了狭窄的大岩石拐弯处，许多恐高游人的终点。我称之为大弯坎。

我战战兢兢的紧帖岩墙拐过了这一坎，回头一看，深不见底，心往下沉，赶紧离开这"是非"之地。接下来的小道是在二大岩山之缝中，长长的一条平路。我终于放松了紧绷的神经，算是到了安全地带。这时才感到了口渴舌干，突然意识到，我除了没信号的手机，什么也没有啊！环视周围，人人全副武装，手拿登山棍，肩背背包，里面肯定是水，食物，救急包。我再次进入恐慌，我若是脱水，低血糖，晕倒在地，徒步者会以为我在路边午休吧？没人救我吧！这简直就是轻于鸿毛啊。这时，二位超级帅小伙迎面走来，我问，你们到顶了？答，yes！到 Scout's lookout 还多远？他们不知道这名，准备翻地图。我说那个有铁链上去有洗手间的地方。哦，大概四十多分钟。那对我应该是最少二小时。撑得住吗？上去了有力气下来吗？我的脚步变慢， 思想斗争激烈，但感觉好像快走出这条缝了。决定走出岩石缝就打住，不做傻事。可是，走啊走，岩石边仍不可及，仿佛跟着我往前移。我只好满心遗憾的回头，半途而废，再次回到那要命的大弯坎。正占领住贴岩墙石的位置，四个年轻人一路跑下来，那女孩大喊，my body can not stop! 四人急拐弯跑过了坎。我的咯妈呀，这些孩子们！惊魂未定，却听到了老公的声音，他在拐坎那一侧聊天。我壮胆扶岩终于过了弯，他抬头看到我，惊喜的拍手，大喊：That is my wife! You made it! I am so proud of you!

我顿感无地自容，自己被吓得半路而逃，赶紧打住 proud，给水！老公醒悟，oh! yeah ! I got all the supplies! hahaha，真是无知者无畏。我们俩从不登山，显露无疑。与老公聊天的这二位女士，不敢过大拐坎。我仿佛要将自己未完成的任务交给她们，极力推荐，她们全副武装，一副专业登山队员的行头，但很坚决的不被诱惑。下山！

犹他州是川爷的地盘，没有口罩令。犹他人民全无口罩，出入自由。但国家公园是属联邦的地盘，有口罩令。车内室内严格执行。公园内的锡安客栈和夕厅是私人的，又无口罩令。飞机内有口罩令，吃喝时又没有，只要你手端一杯水，口罩不需要且可以一直的讲话，吐沫飞扬都没问题。这口罩游戏玩得好累好认真滴！全是大人严肃认真的在玩，不是小孩玩家家。真是佩服。

我们一出门，老公的中国胃便呼叫着要米饭。年纪越大，这呼叫声越是无商量的强大。 我们再次落足于泰国餐馆。这个座落在 Zion 旁的 Springdale 小城的泰夕馆，超赞！炒菜真香！ 蒸米饭，白白的松松软软。不是常见的泰食的甜外加花生酱一片糊糊。店很干净！服务很好。

这次徒步的深刻教训，是必须要自己背包！这本是常识，哈哈。我要备好了水和食物，肯定能到了 Scout outlook。上不上顶峯不敢吹牛！这是我们疫情来第一次旅游，只要遵守口罩令，一切比我想象的要顺利。飞机都正点，比较空，一人一排。十月去旅行，人不多。物价则己 double，很明显的改变。

回家了，秋色正迷人！

~2021.10~

加勒比海航游
Caribbean Cruise

美国的疫情进入尾声,豪轮迫不及待重返世界。在弗罗里达州的 Fort Lauderdale 国际机场与游轮港口,一片繁荣。四艘巨轮整装待发。

我们乘坐的荷美 Nieuw statendam 新船,2019 投入使用,因疫情停泊二年导致机械故障。正要启航,发现已维修的重要胶圈再次漏水,无奈只好滞留港口重修,并取消了去 Anguilla, Puerto Rico 二个岛国,挺可惜的。游轮卯足了劲,连开三天到达 Dominica,然后一站一站往回开,完成了四个岛国的九日游。

从没见过游轮上这么多老人,白发苍苍,坐轮椅拄拐杖,有的带着氧气管,都来啦!乘客戴口罩随意,工作人员 DN95。游戏玩久了就烦了,口罩游戏超烦!

在航海的日子,主要任务就是吃喝玩乐。漂亮的美食,正规的四道,慢慢享受,消磨时光。夕厅只雇男士做侍者,他们大多来自亚洲,友好殷勤!

荷美的食品比我们疫情前坐的 Oceania Cruise 差二个档，但娱乐节目却高二个档。剧院用 LCD 屏围绕，有点奥运开幕式的气氛！

每晚的舞蹈和歌唱是一流的，艺术盛宴，太享受了！

下午二场古典音乐，很棒。

有二晚是 Gala Night，穿正规一点 Gala Attire。这二晚的晚餐也是最棒的，吃撑了再去蹦迪消掉。摄影生意兴隆。2018年还是印出照片由客人选购，现在全用水印锁，大大的减低了成本费。喜欢的照片在手机上点击下载，立马解锁，每张 $22。有老人不会，排着队等摄影师打印出来。

一大早醒来，突然看到岸，兴奋的冲到阳台，游轮终于抵达第一站 Dominica. 这才三天的航海，看见陆地竟十分喜悦，仿佛见到久违的好友。人到底不是鱼，与土地还是难分难舍的，因老祖宗亚当本是泥做的，爱恋土地就不奇怪了。

第一二站到的 Dominica 及 St. Kitts 是二个英殖民地岛国，分别在 1978 及 1983 独立自治，但仍受英国政府支持，女皇等也常来访。这里的居民为非洲后裔。他们的祖先几百年前被法国人从非洲贩奴来岛上种植烟草，甘蔗。后被英国占领成其殖民地。我问黑人兄弟导游怎样区分非洲人和他们，他说语言，本地人只会讲英文。长相没法分。

四首大游轮在 St Kitts 同遇，次日互鸣长笛，分道扬镳😀！加勒比海因着她们而繁荣热闹！

加勒比海盗曾闻名于世，如果你以为加勒比海枪林弹雨不安全，那就大错了。导游说，讲脏话如果被警察听到，可以抓进去坐牢。可见他们的牢房是多么的空，他们的治安有多么的好。这些小国几万人，主要靠旅游业支撑经济。疫情发生，游轮不来了，大家就休息啦。勤快的种点吃的，土地肥沃，种什么长什么，不勤快的领救济。英国白人兄弟还是很有爱心，这儿黑人兄弟人数不多，饭是管饱。岛上的日子挺悠闲。St. Kitts 有昂贵的医学院和兽医学院，召收国际学生，毕业后可在英美加行医。学校老师都是从这几个国家聘请的。

这儿风景秀丽，安全宁静，是读书的好地方。

参观这些岛国，想起挪亚对三个儿子的预言。他说愿神使雅弗（后裔为欧洲白人）扩张，愿迦南做他哥的奴仆(迦南后裔为非洲人及部分亚洲人）。这预言意义极为深奥，几乎是框定了人类走向。强盛的雅弗后裔扩张到世界各地，使传教士得以将福音传至地极，也给贫穷落后的国家带来科技医疗教育的发展。anyway, 白人大哥曾欺负了黑人弟弟，把他们贩到了这些岛国。但在殖民的几百年中，白大哥帮助建立了学校，医院，教堂，民主体制。岛国以天主教为国教，每周日去教堂敬拜耶和华神。兄弟己和好，将来雅弗和迦南的后裔同进天国，那是很美好的！

接下来游轮到了美国领地 Saint Thomas, US Virgin islands。一战时美国花$25 million 买下的。岛民可随意定居美国或去上学工作，但不是美国公民。Puerto Rico 也是如此。这里港口繁荣，私家游艇，麦当劳，home depot，购物 Mall，豪宅，skyline cable ride, 商业气息浓厚，一派美式风格，没有了英式悠闲岛的宁静。

这儿珠宝店是一个特色。有比美国本土便宜的珠宝，且免税。印度人开的珠宝店一家接一家。标价很高，一定要砍。

最后一站到了 Bahamas. 我们停在半月岛。这儿一片净土，翠绿兰的海水，细白面粉的沙滩，微风拂煦，海鸥盘旋，人间天堂！

最终，游轮驶回 Fort Lauderdale，回到高楼大厦鳞次栉比的现代城市。当日飞西雅图，生活又将恢复常态。加勒比海热带岛国的万种风情成为我们美好的回忆。

~2022.4~

土耳其之旅
Turkey Trip

我们一行十人，四位来自澳洲，六位来自美国，由土耳其 Fez travel 旅游公司安排了吃住玩开车导游讲解，包括接送机场，省心省力好服务！

我们开车穿越了半个土耳其，经过大小城镇村庄，居然没见到一个 homeless 人，却见到很多 homeless 猫和狗。这些狗仿佛是抽了大麻似的，懒懒地躺在地上晒太阳或者安静地散步，一声不吭；而这些野猫却是生机勃勃，美丽动人！

绝世佳猫在街边溜达。照相的摆姿是目不转睛，优雅自然。

土耳其凯末尔总统 1881-1938。

土耳其的开国之父凯末尔于 1923 年立国为共和国，将伊斯兰宗教与政治分离，使土耳其朝现代化迈进。

他的陵墓@首都 Ankara。

与中东地区的阿拉伯国以宗教为主导，政教不分完全不同，土耳其政府不干予老百姓的宗教信仰。是一个民选，共和制的国家。

我们 hotel 对面的这个清真寺没见几个人，比较冷清。早上 5 点放祷告音乐。街上行人的穿着与在美国的一样。妇女去清真寺时才需蒙头。

土耳其的美女也参政的。土耳其人长的样子比较独特，介于欧亚之间但偏强悍。

参观时遇上保守党 gray wolf 在国父纪念馆前 (Anitkabir/Mausoleum) 聚会。他们的总统大选在即。友好的土耳其人欢迎我凑一下热闹。

在安卡拉遇到足球赛散场。热闹非凡，和在美国的架势差不多。

在安卡拉见到选举聚会。有点像川爷的 MAGA，没有 MAGA 气派。

伊斯坦布尔不仅仅是见证了三个帝国的兴衰，且独占 Bosphoros 海峡两岸，连着欧亚大陆，风景如画。

后面的 bosphorus 大桥，是现总统 Erdogan 的功绩。以前要 5 个小时，而现在 6 分钟就从欧洲跨入了亚洲。

开过 Bosphoros 吊桥。

这里是曾经的罗马帝国首都，留下了无数的文化遗产。最为震撼的当为圣索非亚大教堂。

这得从君士坦丁大帝（280-337）说起。他在 Milvian Bridge 战役(公元 312 年十月），听从了异梦中主耶稣给的指示，高举十字大旗，奇迹般获胜，从而信奉了基督教，并结束了罗马帝国对基督徒的残酷迫害。这就是神迹。神用祂的仆人执行神的意愿。这种例子数不胜数，只是人们有眼无珠的视而不见罢了！罗马帝国民族众多，信多神。公元 380 年，狄奥多西皇帝定基督教为唯一国教。这使基督教成为西方国家的信仰根基。395 年，罗马帝王逝世并将帝国分为东西罗马送给二个儿子。476 年西罗马灭亡，东罗马（又名拜占庭帝国）从 395－1453，经历 93 位皇帝，是欧洲史上最长的君主制帝国。公元 532 年，拜占庭查士丁尼皇帝开始建造圣索非亚大教堂。1453 年，东罗马灭亡，奥斯曼帝国（Ottoman Empire)建立。新皇帝信奉伊斯兰教，他没有破坏索非亚教堂，而是用泥浆封掉基督画像，添加了伊斯兰教的先知穆罕默德及他的子孙的名字于这补加的大圆板上。

1923 年奥斯曼帝国寿终正寝，土耳其共和国建立。他们将泥浆去掉后，发现这泥浆竟成了保护层，里面的基督画像完好无损。我们的神真的很幽默，让信奉伊斯兰教的人在世上最重要的基督大教堂做礼拜，是不是很滑稽呢！

纵观历史，神一直在掌控历史的走向。关键时刻，神给王一个异梦，人类历史就要拐弯。2022年是不是很奇特？是不是又要拐弯？让我们拭目以待，见证历史。

我们参观了早期基督徒的洞穴教会。那是在君士坦丁信主前基督教被禁止的艰难时期。圣徒门受到罗马帝国的残酷屠杀，他们只能躲在这洞穴里生活与敬拜神。

早期圣徒的洞穴。他们的苦难定被主纪念，将来是天国的座上客。

我们也住了二天洞穴。是改造得很现代化的洞穴。

早期圣徒住的洞穴。

Gamirasu cave hotel。

土耳其的手工地毯是有名的。我们还参观了皮衣厂，pottery, spices, 热气球，hot springs，丝绸之路，希腊村等等。难忘的热气球之旅。我们升到了海拔 1800 米的高空 @Cappadocia！

罗马古城 Hierapolis 及富含矿物质的温泉池和白乳色的钙化 @Pamukkale。

保罗当年在此广场传福音。罗马城的图书馆@以弗所Ephesus。圣经里有记载。

有名的特洛伊木马(Trojan Horse)@Troy。这个故事是经典。

Gallipoli WW1 battlefield。

在这样的美景打世界大仗，人的善良会多一点。在此地曾发生的一个真实故事：为救一个受伤的战士，双方停火了四天，这四天双方士兵交换礼物，巧克力等。四天后各就各位再接着打。ww1，基本上是一顿晕的乱打，澳洲的士兵都搬来土耳其打。死了无数草民良民后，各自回家，一场空！

这个国家漂亮干净整洁，比现在的美国干净很多。食品丰富且很便宜（用美元）。小城镇的休息处洗手间都是 sensor 开关门，很干净。现通涨超高！美元：土元从 1：3 飙升到现在的 1：18。我和当地人聊天，他们很平静。若是美国有 65% 的通涨，怕是早拿出枪来把政府给端了！

在回家的飞机上，竟看到猫的恩友 Wain 的电影！正是他，将猫类从杀鼠猎手变为人类宠物，从此猫咪不用干活，只管养生。他说人很像猫，brave, frighten, and lonely. 当他的 Peter 猫去世时，他倒在地上痛哭，极限悲伤之中，却创造出快乐可爱的猫画。我们草民理解不了这些艺术大师，仿佛他们不经历超人的精神痛苦，就无绝世创作的灵感。这是个什么逻辑，不知道。但我们感谢神，赐予人类这些艺术大师，使我们借着他们的作品，更深刻的感受这个世界及灵性的美。

经 12 小时飞行回到了西雅图。海关人员例行问我们从哪里来，答：Istanbul。然后我说，Istanbul 国际机场富丽堂皇，你们花三年新建的这个国际部怎么就像个大 Costco 呢？他大笑，说一定要去看看。

伊斯坦布尔国际机场。

~2022.10~

我与 53 的不解之缘
My mystery bond with 53

  我应该是 1975 年上的长沙市第四中学。她的前身是有名的周南女子中学。当时的四中，校风相对优良。为了进四中，父母逼我转学，我很伤心的离开了子弟学校熟悉的小伙伴和老师们，去了一个陌生的小学，读一年后，毕业分到了四中。那时不是考中学，而是按地区分配。在那个陌生的小学，我有一个要好的朋友，她分去了八中。我俩偶尔才见面，就约好写字条塞在二马路何记粉店巷子拐弯处的墙缝里，活脱脱的地下党。

  进了四中，我被分到初 53 班，并被班主任朱老师任命为班长。每班有 50 多学生,全年级有二十个班？下学的时候，黑压压的学生们，能把四中门口的巷子给挤破。我们学工，学农，学军，学雷锋，做劳动，出黑板报，文艺表演，广播操比赛，游行，集会，全校大会等等，用美好的少年时光尽情地忙乎！朱老师窈窕淑女，教语文，龚老师英俊帅男，教数学。他们那时才 20 多岁，却为人师表，叱咤讲台。我那时很想将来也当老师，还利用当班长的权利，自己当小老师，给全班补课。真的是初生牛犊不怕虎。

到了1977年，高考恢复了。学校终于开始抓学习，不再干杂事。学生被不断地分班，一直分到高中毕业。初53班的日子从此一去不复返，成了一个独特时代的烙印，刻在了我的生命中。

高中毕业后，读完本科和研究生，到美国继续读博。感觉当学生是世界上最充实的事，每天学新的，不重复。

不知不觉，在美国渡过了三十多个春秋，仿佛一晃就到了快退休的年龄。回看我的生命路程，竟有一个不解之缘，那就是53这个数一直跟着我。

刚到美国时，我们租住在大学校园附近，走路去学校。那栋漂亮的小楼房坐落在林荫道边，绿树花草环绕。这是我们在美丽国的第一个家，她的门牌号就有53还有一个8.

来美后马上要去办社安号，这号很重要，交税，一直要交到死。拿到社安号一看，打头就是53！

然后申请家里的电话号。当然是电话公司随机给的，结尾又是53！家里最后申请的电话号，区号后开头就是753，不得了，53的前面来了个7！感谢主！

N年前，单位分给我的号是俩个8加53.这有点震撼，好几百个数字分下来，怎么会这样巧？真的和53有缘。这个号天天要用，每天念叨888,那还不"发发发"！

老公想买个更大的房子，说以后退休呆在家的时间多，要大！他带我看了很多豪宅，我都看不上，觉得没我们的房子好住。太大了感觉很空，不喜欢。这事就停了。2022年9月8日英国女王去世，TV里看着老太太在美丽的乡下别墅走了。我发感叹，嗯，应该去乡下买个宅子。岂不知，老公的买房之心并没死，他最近恰好正在网上追踪一个房子，上市一个月了还没人offer。这下好了，乡下不就是山里吗？马上约好了就去看。那天风和日丽，阳光灿烂，开进安全门后，好似开进了"哈利波特"场景，这里真是世外桃源，五十多栋俊美的大宅子静静的躺在山谷里，沐浴着阳光。而这栋房正正的面对远处的雪山和山谷。室内设计大方优雅，我俩都很喜欢，老公当场下单。过了些日子，我填表问他要地址，哈哈，你猜对了，就是53街！难怪啊，这么好的房子上市一个多月，没有offer，这分明是在等我们啊！要知道西雅图的好房上市就抢了的。虽说是山里，二十分钟就进城了。神恩赐的啊！我们好喜乐，天天感谢主！

有很多事其实是命中注定的，你不知晓而已。做事在人，但成事在神啊。有些事神就不会让你做成，有些事又那么样的轻而易举。神的天使看顾敬畏神的人，保驾护航。神也使万事效力，为让爱神的人得益处。赞美主！做为神的儿女，你做错了选择，神会拦住，做对了，神会祝福。这在我的生命中，一而再，再而三的发生。于我，53意味着奇妙的恩典，主恩浩大，深感不配。

~2022.11~

在美国的首次手术经历
First surgical experience in America

二〇二二年十二月五日，我们刚刚搬进山里住，遇上了今年第一场大雪。老公将车停在了前门口等我，因车库已被大雪堵住。我踩着雪，抬头看雪山，好美呀。霎那间，右脚踩在了雪坡的一条冰上，左膝闪电般着地，砍在水泥地的冰上，顿时剧痛钻心，死去活来，正在我快要扛不住的时候，疼痛开始慢慢消减。哥林多前书的金句响在了耳边，"你们所遇见的试探，无非是人所能受的"。是的，再疼也无非是人所能受的。实在受不住时会晕掉的，就没事了。所以不要怕。过了剧痛期，爬上车，我们去了保险所属的医院 Kaiser urgent care。

在美国看病有三种方式。第一是有生命危险的，打 911，5 分钟内救护车会来到你出事地点，送往就近的医院急症室 Emergency Room。第二种就是当日看病不用预约的急诊。叫做 urgent care. 第三种就是打电话预约看病，一般二天到一周内可以约到，但不着急的看专科的病比如皮肤科，眼科 ENT 等在 Kaiser 预约长达一到三个月。

到了急诊科，我的前面己有 25 个病人在等。最近 covid 回升，平时没这多人。候诊大厅咳嗽声止起彼伏，check-in 后，我们坐得远远的等。半小时后叫我进去了，照了各种姿势的膝盖 X 片。又推出来，等看医生。3 个小时后，轮到了看医生。在我的时间段里，医生基本在电话上为我联系明天的骨科医生。他说：this is a big deal！明天 8 点看骨科医生，做手术。你的髌骨断成二块了。他为我做了基本腿固定，开了止疼药，给了拐杖，祝我明天手术成功，回家。

次日，按时来到骨科。叫进去后看到诊室卡上我的骨医的名字，赶紧 google，一查还不错。感谢主！骨医长得威武高大却温和礼貌，他给我们看了 X 片，讲了治疗选择，手术方案，术后康复，回答问题等等大约二十分钟。我的髌骨要打入钢钉，我说你们骨科怎么都还是水泥钉子石膏的野蛮材料呢，这以后咋通过机场安检呢？

骨科护士和蔼可亲，我们聊着天做着术前准备。现在用的被子是一次性的 foil 做的，往里面灌热气，可舒服温暖了。

然后我的高大骨医来了，问我怎样，并在我的病腿上 autograph 他的大名，别整错了腿就麻烦大了。然后麻醉科医生来了，说要做全麻。我心想别麻死了！就问：你能保证我活着醒来吗？他说那肯定啊。我说那你能让我醒来后更聪明一点吗？他也 joke back, i will try my best. 我告诉他我老公也在 kaiser 工作，他说他也是中国人，我们就八卦了一会儿。

接下来，手术科护士小姐推我进了手术室。这是第一次进手术室当病人。很大一间房，摆满了各种仪器，七八个人在里面忙。大盘的手术灯估计有三十多盏高悬着，我的骨片也挂在天花板屏上。护士将氧气罩蒙上，我摇头，说有塑料味，她说是一种花的气味，你想想是什么花，我正在想，什么花？这时就感到静脉里，有一股冷冷的液体流进。

我慢慢的睁开眼，感觉躺在云朵上，so sweet and peaceful，很享受！边上听到一个甜甜的声音，说，it's all done. Surgery went well. 我仔细看，发现自己又回到了术前预备室。天啦，我还没想好是什么花，戏就完了！这几小时根本就不存在啊！我感觉脑子还转得快，一切记忆全部复活。 我想将来神把我们复活的时候一定也是这样的：一切记忆全部复活。心里感谢麻醉医生确是 tried his best！这个术后护士是菲律宾人，一位很甜的女孩。她在电话上告知了家属注意事项，什么时候来医院接病人回家。

护士帮我弄好了一切，换回衣服，就让护工用轮椅推去交给家属。老公一直在搂下等着，飞快的跑过来，把我弄进了大卡车开回家。

接下来的日子才是真正的折腾。漫长的黑夜，靠止痛药和安眠药助力。整个左腿被沉重的固定架绑住，感觉有块大石头压着，让我很累。皮下瘀血水肿， 紫红色的腿了。这些钉子将来会不会捣乱啊？骨医已经恐吓过我了，说我左腿的功能会永久性的减退，瑜伽动作肯定不达标了！我必须做康复训练。在圣诞节前摔这样的一跤，真是今年六十岁的大礼啊！祸福相依，每一个灾难隐藏着祝福。这能是什么样的祝福呢？慢慢看啊，人生要走到最后才明白。

在 kaiser 的这次经历，每一个服务我的工作人员，都是那么友善耐心专业，一切井井有序，各尽其职，特别感谢！并致谢与我同甘共苦的老伴，在关键时刻坚定的做出了正确决定！

~2022.12~

2024 年回国看父母

Visit parents in China in 2024

上次回国是在疫情前，2019 年 4 月。

时隔整整五年。

这五年发生太多的事了。我们都改变了。被疫情，被时政，被岁月。

五年啊， 有点紧张。听说国内现在一切都用微信支付。海外微信不行。

而 90 多的父母，挺过了疫情的扫荡。这次见面，他们是真的老了。当人真的老了，会生出些新的特征。比如，刚刚吃完饭，就不记得了，饥饱不分。比如，闲坐在那里几个小时，不再像 5 年前，一天要当二天过，分秒必争了。 我开始很惊讶，但想想也是，这个年龄的脑细胞，很难再收进新信息了。打瞌睡和睡觉成了生活中最大的一部分。听力的剧减，使他们不社交。中国老人有钱，他们很多都买了几万元进口的助听器，但都不戴的，说轰隆隆的响，受不了。宁可听不见。美国老人戴助听器，与人正常声音讲话，没问题的。和中国老人讲话要对着耳大喊，只能喊几句关健词，没法交流。这是不是中国 ENT 医生需要解决的大问题啊。

我 2023 年想回，但老人坚决反对：我们好好的，你回来干什么？先把腿养好。我父母从来都很独立，唯恐给儿女添麻烦。

今年初可以走十几分钟了，就上路了。没想，在仁川转机时，平衡不好，踩空一个台阶，病腿着地膝又伤了，完了！医生说过的，如果你再摔跤，首当其冲就会伤到患处。千真万确。患处是最弱的，哎，受伤都挑弱的欺负。

到长沙时，一位很帅的小伙子穿着深蓝色的时髦风衣，是工作服诶，推着轮椅在飞机出口等候。这孩子当演员都可以了。他说他是实习生，从青岛来的。他们工作非常辛苦，一天工作有时到 16 个小时，只有 1300 元人民币的补贴费。学生难啊。在美国和韩国机场，推轮椅的工作人员都是穿网球鞋，套个工作背心。而长沙机场的，不仅是年轻漂亮，穿的也很模特，穿皮鞋，女孩要求化妆，包包裙，整天的快走！小伙子将我一直推到出租车处，一大排出租车在等客人。我是唯一的乘客，奇怪啊。小伙子说是这个时候没其他航班到。11：30 AM 啊！我以前 11:30 PM 到达都是热闹非凡，排着长队等车。

出租车开到家比五年前还便宜¥10。一点通货膨胀都没有，而美国这几年可是价格疯涨。

很高兴司机接受现金，还没弄好微信支付。

办国内手机微信支付，对于外籍华人回家探亲太有必要了，还是好操作的。程序是，去中国移动买个手机，持护照办实名制电话卡，然后买一个基本的月流量，这样就有国内手机号了。再去银行联上微信服务，就能微信支付了。但我的银行账号被冻了，因为 2019 年他们用了我的中文名。改一下呗，哈哈，到我离开时还没改好。让我下次再来。这效率不对啊！

国内的 DD 出行和美国的 Uber 是一样的，操作也一样，随叫随到。出租司机大多都是外地人。这次还发现，大家基本都不讲长沙话了，男女老少讲长沙普通话。这应该是有大量的外地人来长沙所造成的吧。但长沙人与长沙人也在讲塑料普通话，大有要灭掉长沙方言的趋势。

DD 出行可到我家楼下，残疾人也能四处转转了。以前要走十分钟到院门口外等出租车，遇上交班的时段就打不到车。现在有 DD，任何时候都能打到车。这是最大的变化。国内一般的服务都非常好，高效，便宜。我家热水器坏了，打了个电话，第二天师傅就来装，白菜价，服务好。旧的热水器不但帮你拿走，还给回收废品钱。在美国，服务也是不错的，但很贵。一般老百姓东西坏了，在油管上看看，自己先修修，修不好才找人的。坏东西拉走，要付费的，相当贵。

父母家住五楼，这次回来有电梯啦，修的真好！听说是市政府的爱民工程之一，凡居民愿意装的，都会装。

公寓电梯.

父母身体好,和长期爬五楼有关,每天上下好几次,几十年这样的锻炼,练就了一副好身体,不但长寿,还健康,稳稳的抵挡住了新冠病毒。现在是真的爬不动了,电梯就来了。

长沙的夜晚比 5 年前更热闹了,全城的高楼大厦彩灯齐放,闪闪的变换着五颜六色。我以为是什么庆祝活动,被告知这是天天的事。市政府在城里的高楼外都装了彩灯,天黑后就开始闪,不用放烟花火了,那个污染环境。这个不耗电吗?哎,耗电没关系，喜庆就好。搞得我这乡下来的，晚上特想出去开车转转，看彩灯啰：）

这次回家，腿不好，基本是在家陪父母，网购，泡微信。这次带回家一个小喇叭，太英明了，救了我的嗓子，和他们聊天不用大喊大叫了。小喇叭就是扩音器，替我喊了。

疫情前每年回家看父母，希望以后也能每年顺利回来。希望世界和平。希望长沙年年山清水秀，夜灯彩闪。

~2024.4~

晒太阳
Bask in the sun

阳光灿烂，当你听到这个词，都会有一点高兴。阳光给人快乐，因为它增加脑细胞释放血清素（serotonin），使皮肤细胞产生内啡肽，从而改善情绪。晒太阳有很多益处，而最重要的一点就是制造维生素D。这是人体获得维生素D的最佳途径。

查血 Vitamin D，很多人是低于正常的。

Blood level < 20 ng/ml vitamin D deficiency

Blood level 20-30 ng/ml, vitamin D insufficiency

美国成人 41.6% 是 vitamin D 不足（Nutr Res 2011:31），但多数人没重视。因症状没有特异性，导致病人甚至医生的忽视。我自己就是 vitamin D 不足，西雅图阴天多，我还长时间的呆室内。

Vitamin D 不足可以有如下的症状：

~ 免疫下降，容易生病和受感染。

~ 疲劳

~ 抑郁

~伤口愈合慢

~掉头发

~ bone loss and bone pain and back pain. (老年人更容易骨折)

~癌症 cancer

以下因素可加重 vitamin D 不足:

~老人

~体重过重

~不太吃鱼或奶制品

~ dark skin 深色皮肤

~长时间呆在室内

~外出时用 sunscreen

~所居地四季都阳光少(远离赤道)

vitamin D 不足很容易 FIX。

~口服 vitamin D supplement。

~晒太阳：这是最自然，最有效的方法。注意以下几点。

1. 只有 UVB 制造 vitamin D，Not UVA.

UVB 在中午 noon 是最强的，是身体最佳时间制造 Vit D. 在 9am 以前和 4pm 以后，UVB 很弱或没了。所以中午晒太阳最高效。

2. 15 分钟，老年人长点。大多数维生素 D 是在刚出去的时段生成的。过长时间的爆晒是有害无利的。

3. 要尽量裸露皮肤，露出手臂，腿。如果脸上有涂 sunscreen 的，阻挡掉了 UVB。

4. 坐在房子里关着窗子晒太阳没有用，因为窗玻璃挡住了 UVB。

~2018.8~

防晒
Sun protection

我们涂防晒霜 sunscreen，是为了减少皱纹，老年斑，和防皮肤癌。

那 sunscreen 本身会致癌吗？有毒吗？人工合成的化学物怎么会无毒？现在是喝咖啡都致癌，咖啡有霉菌，烘焙一炒，香香的，谁会知道霉毒超标？

防晒即防 UV。UV 辐射线含有 UVA，UVB 和 UVC。经过地球的臭氧层 ozone layer 后，全部 UVC 和大部分 UVB 被滤过。达到地面时，是 95%UVA，5%UVB，0%UVC。

UVA------------------- 95% （穿透力强）

UVB-------------------5%　（穿透力弱，高能量）

UVC-------------------0%　（最危险的 UV 但 0%到地面）

UVA 的穿透力强，因此，它能穿过臭氧层，95%的 UVA 杀到了地面。它继续穿杀到皮肤深层，破坏深层细胞（the Dermis layer)，损害皮肤中的胶原蛋白和弹性蛋白，并产生自由基。所以，UVA 是个无声杀手，它会导致很多类型的癌症，也是美女们的头等大敌，因它导致和加速皮肤的老化，盛产老年斑和皱纹。

而 UVB 的穿透力很差，大部分被臭氧层挡掉了，到达地面还剩 5%，阴天厚云和窗玻璃会继续过滤它，开车时车内有 UVA，但基本上没有了 UVB。它只能到达皮肤的表层（epidermis layer），但它具有非常高的能量，因此 UVB 肆虐表层细胞，导致晒伤、皮肤变色和某些类型的癌症。UVA 与 UVB 联合起来干坏事，威力大增，导致更严重的皮肤癌。

什么什么？刚刚才说要晒太阳，让 UVB 生产 Vit D！？这谁还敢晒太阳呢？ 对啊，晒十来分钟就停住，不会有问题的，这是平衡学，恰好为止。地球上的任何好东西过了就是毒。

如果每天上班是在室内，我从来不用含 SPF 的 lotion. 因 2 小时后无效，反而吸入可能的毒性化学成份。

若是周末出去户外玩，用 Sunscreen。选择最安全可靠的 **zinc oxide**。这是一层 physical barrier，像是给皮肤穿了件薄衣，挡住了 UVA 和 UVB，但不会吸收到血液造成伤害。戴帽子和围头巾是绝对好的，可以达到 SPF50 的效果。coconut oil and shea butter 也是安全的，但是防晒效果差很多，比没有好。如果是去雪地，海滩，海水，UV 比正常高出至少 2 倍（reflector)，一定每 2 小时要涂一次 UVA/UVB sunscreen。

很多人对 UV 致癌不以为然，读读皮肤科的统计。我已看到好几位加州来的病人，左脸皮肤癌，开车晒的，UVA 可以穿透窗玻璃啊。开车人左眼白内障先发于右眼，也是同样的道理。

UVA/UVB 导致白内障和视网膜损伤，特别是在 40 岁以上的成年人。外出戴太阳镜，不仅仅是为美容，是真的保护眼睛。要选镜片为 polycarbonate lens material，这种材质它本身就是 UV protection。polarized 镜片更好。如果镜片不是 UV protection 的材质，只是塑料镜片被染料染成暗色，那戴它就是有害无益。

~2018.8~

日记
Diary

写下愁苦，悲伤，挫折，委屈，

写下心中的愤恨不满，

日记是你的治疗师，

她倾听，并为你保密。

你的惊涛骇浪只有她知道，

也只需要她知道。

如果你够坚强，

如果你够睿智。

多少年后，

你自己都忘了，

当时为什么会那么痛，那么哀，

回头看，实在是小事一桩。

庆幸自己没有告诉另一个灵，

因为他是会铭记终身的。

你可以烧掉日记，

却烧不掉别人的记忆。

$\sim$ 2024.10 $\sim$

灵魂
Spirit

神呼唤你了吗?

如果是,

灵魂已经苏醒。

否则,

一直沉睡。

你就一直自以为是,

一直不明白。

看是看了,

听是听了,

却不明白。

不明白!

不可能明白!

灵魂游荡在你的体内,

如同气,

找不到的。

当灵魂苏醒，

你便与赐灵的神相连，

忽然眼目明亮，

看了，听了，

都明白了！

世人的苦难，

人心的诡诈，

历史的规律，前因后果。

肉体一死，

灵魂立即会游出来进到另一个维度，

人眼看不见的。

人眼连紫外线都看不见，

怎能看见灵！

灵魂带走了一切，

记忆，认知，品德，修养，爱好，脾气，性格，

唯一不能带走的，

是尸体。

灵魂升进了不腐败的光体。

一身的病痛，瞬间消失。

苏醒吧，灵魂！

认识造你的神。

不然，光体里的那个你，

会很丑，

很羞，

很后悔，

很痛不欲生。

圣经的原话是，在黑暗里"哀哭切齿"。

~ 2024.10 ~

原谅
Forgiving

想想自己有多少的毛病，

握紧鞭子的手，

就再也无力举起。

想想自己有多么的糟糕，

挑剔的眼光，

便生出一丝丝的温柔。

想想自己是多么的无能，

犀利的言语，

顿时会戛然而止。

~2024.10~

为米饭正名

Justify the excellence of rice

米,煮熟为饭。

小时候,

听见大人见面打招呼,

吃饭了吗?

吃了吃了。

哦,好重要的事。

见面就问。

还没有长大,

米饭就成了我的挚爱。

鱼米之乡的湖南,

一日三餐米饭。

6岁去北京,

突然断了米,

要回家,

小姑娘渴望饭的情感,

记忆犹新。

如果美国没有米，

我早就飞回了家乡。

只为那一口松软平淡的米饭。

有人称美国为米国，

我好喜欢，

此国不缺米！

如今糖尿病盛行，

千夫所指，

竟是那无辜的米饭。

如果圣经是我的灵粮，

米饭便是我的体粮。

没有圣经，我的灵会迟钝，

没有米饭，我的体会枯干。

人只能测出点米的碳水化合物，

而那隐藏的秘密，

神奇的功效，

如同灵，测不到！

望洋兴叹吧。

每每回家乡，

朋友请吃饭，

满汉全席，但没有米饭。

是他太平淡上不了桌？

还是已被扣上了罪名？

看着五颜六色五彩缤纷的佳肴，

我寻找，

问服务生，给我一碗米饭吧。

旁边的主人，立即阻止。

说，上鲜汤烩面！

米饭被热情的主人又打入了冷宫。

于是，我开讲米饭的功能。

他能将激活的味蕾恢复正常，

使下一口美味，

得到完全的体验。

米饭，以他的谦卑平淡，

托起了山珍海味的风姿。

有他在的宴席，

会有真朋好友的肺腑之言。

无他在的宴席，

常常是酒肉朋友的酩酊大醉。

米饭，

让你静静的体会生活的美。

鱼米之乡，总是令人神往。

终有一天，人会因为米的缺席，

而为他发狂。

在他平淡的后面，

是孜孜不倦的，

滋养了人6000年的辉煌。

感谢造万物的主，

造了这神奇的米，

滋养我们的体。

感恩！

感恩！！

感恩！！！

~ 2024.10 ~

我们的故事
Our story

那曾是在童年时光，

天真烂漫，

纯洁自然，

嬉戏在院内墙，

没有半点牵强。

里里外外洁白如霜，

我们的故事还未开场！

阳光在树叶间晃动闪光，

微风拂煦幼嫩的脸庞。

草坪绿绿，

天空蓝蓝。

在人流中寻找各自的高堂。

奔上去，双臂伸长，

投入到安全的港湾。

一晃到了中年时光,

酸甜苦辣,

喜怒哀伤,

忙碌在院外墙,

难得没有牵强。

里里外外都有肮脏,

我们的故事曲曲弯弯。

阳光在树叶间闪动发光,

微风拂过沉思的脸庞。

草坪淡绿,

天空灰蓝,

在乱世中祈祷儿女的吉祥。

退下来,放开双手,

让他们独立与坚强。

瞬间将至暮年时光，

步履艰难，

弧寂病缠。

留在了太平洋。

哪里没有牵强？

里里外外苍老病残，

我们的故事也快说完。

阳光在树叶间闪着银光，

微风想拂平满皱的脸庞。

草坪翠绿，

天空碧蓝，

在末世中等盼良人的归来。

仰望祂，坚信未来，

更新的生命乐开怀！

2020.9

送父

Farewell to our father

秋风萧瑟，

满树金黄的叶子，

经过灿烂的一生，

依恋不舍的，

落下地来，

回归大自然。

我们的老父亲，

经历了漫长又短暂的 97 个年头，

在这深秋的季节，

不情愿的，

闭上了双眼。

卸下了地上的，

恩恩怨怨。

父亲的一生，

曲折起伏，

历尽沧桑。

点点滴滴，

并不是雁过无痕，

而是与我们同在。

父亲，一路走好！

在另一个世界，

希望我们再会。

记忆都将被神恢复，

你还会记起，

在草坪，我在你单车后坐上歌唱。

也会记起，

我为你传讲耶稣的救赎。

~2024.10.25~

www.ingramcontent.com/pod-product-compliance
Lightning Source LLC
LaVergne TN
LVHW061035070526
838201LV00073B/5046